大学体育与
健康教程

丁红娜　陈超　王勇◎主编

中国纺织出版社有限公司

内 容 提 要

本书围绕大学体育与健康展开，探讨大学体育教育的内涵，力图系统、深入地分析大学体育与健康方面的最新成果，并对相关体育运动教学进行探索，包括篮球、足球、气排球、健美操、啦啦操等，切实提高大学体育与健康教育水平，不断优化大学体育与健康教育教学方法，进而满足新时期对大学生体质健康发展的新要求。

图书在版编目（CIP）数据

大学体育与健康教程 / 丁红娜，陈超，王勇主编
. -- 北京：中国纺织出版社有限公司，2023.4
ISBN 978-7-5229-0483-2

Ⅰ.①大… Ⅱ.①丁… ②陈… ③王… Ⅲ.①体育—高等学校—教材②健康教育—高等学校—教材 Ⅳ.①G807.4②G647.9

中国国家版本馆CIP数据核字（2023）第062071号

责任编辑：段子君 责任校对：高 涵 责任印制：储志伟

中国纺织出版社有限公司出版发行
地址：北京市朝阳区百子湾东里 A407 号楼 邮政编码：100124
销售电话：010—67004422 传真：010—87155801
http://www.c-textilep.com
中国纺织出版社天猫旗舰店
官方微博 http://weibo.com/2119887771
天津千鹤文化传播有限公司印刷 各地新华书店经销
2023 年 4 月第 1 版第 1 次印刷
开本：710×1000 1/16 印张：13.75
字数：210千字 定价：99.00 元

凡购本书，如有缺页、倒页、脱页，由本社图书营销中心调换

前　言

体育是一种有意识、有目的的社会活动，是以发展体力、增强体质为主要内容的教育。大学体育是大学在其办学理念的引导下，以培养全面发展的人才为根本，以具有较高文化水平的体育及其相关活动为载体，通过践行（或服务）大学职能而表现出来的、符合一定时期社会期望和要求的组织行为。在素质教育背景下，学生体质健康成为人才培养的重要组成部分，大学体育作为一门公共课程发挥着重要作用，准确把握大学生体质健康状况，有助于促进大学体育教学改革。

基于此，本书以"大学体育与健康教程"为题，全书共设置七章：第一章围绕大学体育与健康展开，探讨大学体育教育的内涵、大学体育健康教育的功能；第二章探索体育锻炼与身心健康的关系，主要包括体育锻炼对身体健康的影响、体育锻炼的心理健康效应；第三章讨论体育锻炼及行为理论、体育锻炼的基本原则、体育锻炼的方法与计划；第四章探索大学生体质健康与体育锻炼，包括健康体适能的概念与分类，心肺适能、肌肉适能、柔韧适能的测评与锻炼方法；第五章以球类健身运动教学训练为主题，探讨篮球运动、足球运动、气排球运动的教学训练；第六章围绕健美操运动教学与健康促进，讨论了健美操运动基础概述、健美操基本动作、健美操教学、健美操动作创编以及健美操运动对大学生的健康促进；第七章围绕啦啦操运动教学与健康促进展开论述，主要包括啦啦操运动概述、啦啦操基本动作、啦啦操教学、啦啦操动作创编以及啦啦操运动对大学生的健康促进。

本书力图系统、深入地分析大学体育与健康方面的最新成果，并对相关体育运动教学进行一些探索，切实提高大学体育与健康教育水平，不断优化大学体育与健康教育教学方法，进而满足新时期对大学生体质健康发展的新要求。

本书的撰写得到了许多专家学者的帮助和指导，在此表示诚挚的感谢。由于笔者水平有限，加之时间仓促，书中难免存在疏漏与不严谨之处，希望各位读者多提宝贵意见，以待进一步修改，使之更加完善。

编　者

2022 年 11 月

目 录

第一章 大学体育与健康概述

第一节 大学体育教育的内涵

一、体育

"体育是学校教育的重要组成部分，而大学体育又是学校体育的最后阶段，是联结学校体育与社会体育的桥梁。大学体育阶段是学生树立终身体育思想、形成终身体育锻炼能力的关键时期。大学体育教学的成功与否，直接影响教育对象参与体育锻炼的动机和终身体育思想的正确树立。"❶

（一）体育的类型

第一，学校体育。学校体育是在各个学校开展的有目的的体育教育活动，旨在提高学生身体素质，教授体育知识、技能等，同时可以培养学生的意志品质。学校体育是体育的一部分，也是教育的一部分。我国体育事业的发展离不开学校体育。学校体育教育的主要目的是锻炼学生身体、增强学生体质，培养学生的意志品质以及终身体育的思想。学校体育由体育课、课外体育活动、体育训练和课外比赛竞技四部分组成。

第二，竞技体育。竞技体育可以最大限度地激发人们的潜能，使人们的体格、体能、心理、运动技能等能力得到锻炼。人们为了在比赛中获得好成绩，会进行一系列科学训练和比赛，这些都属于竞技体育的一部分。竞技体育是文化领

---

❶ 陈接华. 大学体育教学之我见 [J]. 教育与职业，2006（8）：119.

域特殊部分之一，在体育领域占有最高地位，也是世界体育文化的主体，在大众文化中具有很高的地位。竞技体育将人体的能力发挥到极限，观赏性和感染力较强。竞技体育也可以凝聚、团结民族力量，振奋民族精神。

第三，社会体育。社会体育主要是人民群众为了锻炼身体、进行康复训练、休闲娱乐等而进行的体育活动，它的形式多样，受众广泛。社会体育主要群体是人民群众，涉及社会生活的各个领域，包含的内容十分多样，如娱乐体育、休闲体育、养生体育、医疗体育等。当今社会，人们不断提高对自身的发展重视程度，对自身知识水平和身体素质要求更高。身体素质主要是围绕身体健康、体形、精神状态和自身气质等，人们会选择进行社会体育和学校体育活动来提高身体素质。

（二）体育的功能

体育的功能产生于体育的本质和社会的需要，并在促进社会物质文明和精神文明中表现出来。体育的功能具体如下：

1. 健身功能

体育是以身体的直接参与来表现的，这是体育最本质的特点，它决定了体育的健身功能。

（1）改善大脑供血和供氧，提高中枢神经系统的适应能力，能使人心情舒畅，调节社会、生活和工作的压力。

（2）促进人体的生长发育，加速新陈代谢。

（3）对人体内脏器官构造的改善有积极的作用。

（4）刺激骺软骨的增生，促进骨骼的生长。

（5）提高肌肉的工作能力。

（6）提高人体的免疫力、抗疾病能力和心理承受能力。

（7）提高对自然环境和社会环境的适应能力，预防疾病，延缓衰老。

2. 娱乐功能

人们通过体育运动既可以提高身体素质，也可以获得精神上的愉悦，陶冶情操，在运动中暂时放下繁忙的工作，使身心获得暂时的休息。实现体育娱乐功能的主要途径是参观和参与。体育运动具有极高的观赏性，尤其是高水平的竞技体育活动，能够展现出力量与速度的完美结合，让观众欣赏到人体力量和运动之美。另外，体育活动可以让参与者彼此配合，在与他人的竞技中获得不一样的身心体验，娱乐自身。

3. 社会化功能

人的社会化就是个体社会化，是人从生物的人变为社会的人的过程。而在这一转变过程中，体育运动扮演着重要角色。人们学会的基本生活技能都是通过体育运动获得的，新生婴儿的被动体操、儿童的打闹嬉戏、长大后适应社会等，都需要通过体育活动获得。人们在进行体育运动时，必须遵守体育规则，通常由教师或教练告知规则并进行监督，这一过程就是让人们养成遵守社会规则的行为习惯。体育运动具有社会性，在体育运动中，人们相互交流，彼此默契配合，可以促进人际交往，提高人们的沟通能力。为了促进人类社会健康发展，就要在社会各类人群中普及健康和体育运动相关知识，使青少年、中年人、老年人等不同年龄段的人都能通过获得的体育知识，进行健康的体育活动，养成健康的生活方式。在促进个体社会化方面，体育已经深入社会生活的方方面面，扮演着重要角色。

4. 教育功能

体育是教育的重要组成部分，体育的教育功能是其最基础的功能。人们参与各类体育活动的同时也在接受教育，无论是在学校、俱乐部还是训练场以及其他各类场所的锻炼，都有教师、教练和同伴进行指导和教授。尤其在校学生处于身体生长发育阶段，同时处于世界观、价值观的形成时期，进行体育运动，不仅可以使学生提高身体素质，增强体质，还可以让学生接受意志品质和思想道德规范等方面的教育。另外，体育具有群体性、国际性、礼仪性和竞技性等特点，可以向人们传递某种价值观。体育还可以激发群众的爱国热情，增强民族凝聚力，教育人们积极健康发展。人们在观看体育比赛和参与体育活动过程中也会受到社会的影响，接受社会教育。

二、大学体育教育

体育在整个教育过程中具有不可替代性，体育是学校教育的重要组成部分，同时又具有体育的属性和功能，是促进学生全面发展的重要手段。大学体育属于教育学和体育学下的学科层次，所以体育和教育有相同的属性。一方面，学校教育的构成包括大学体育，二者的目标是相同的；另一方面，体育中包含大学体育。因此，体育的属性也应被大学体育展现得淋漓尽致，通过基本的身体运动和练习，强健体魄，加强人体机能，使大学生的身心得到更好发展。

总的来说，通过基本的身体运动和练习，运用科学的培育方式提高大学生身体机能，使德、智、体、美在人的心理和生物潜能不断开发的过程中得到发展，实现身体和心理的健康，就是大学体育的目标，也是教学发展的总目标。

（一）大学体育教育的地位

大学体育的研究是高等教育发展的开端。培养身心健康的人才离不开大学体育，其为社会输送了很多高级人才，促进了我国体育事业的发展，为大学生活提供了更多方式，推动了社会文明的进步。我国的社会主义建设、高等教育和体育事业的发展都离不开大学体育。

1. 培养体育人才的重要途径

大学体育是我国培养身心健康全面发展的高级专门人才的重要途径。学校为满足社会发展需要，必须以实现人才的全面发展为己任。高等院校既有培养高级专门人才的责任，也担负着发展科学技术文化的重大任务。而这一重大使命要求大学必须实现学生德、智、体、美全面发展。社会的发展与科学技术的进步都极大地提高了生产力，这时人类开始关注社会发展需求以及人的素质发展问题。只有培养出身心健康、遵守纪律、有理想、有道德、有文化的优秀人才，才能为建设社会主义添砖加瓦，满足我国 21 世纪社会经济发展的需求，才能为实现中国特色社会主义而奋斗终身。而这项任务就落在高等教育的肩上，体育既然是高等教育不可分割的一部分，就应当与德、智、美协同发展，为 21 世纪人才的培养起到推动作用。

2. 推动我国体育事业的动力

全民健身和终身体育都要以大学体育为基础，其也是我国体育事业发展的推动力。全民健身的前提就是学校体育，而提高中华民族体质则是我国体育要实现的基本目标，现代大学生基本都是 18~22 岁，还有青春期的特征，身体形态和功能发育不够完善，缺乏一定的稳定性和平衡性，需要继续发展。因此，体育锻炼是大学生保持身体健康、促进身体发育的良好手段，大学生应提高参与体育锻炼的热情，实现身心健康的全面发展。贯彻"健康第一"教育指导思想，大幅提高大学生健康水平，是我国大学体育教育一项十分紧迫的任务。国家和民族的强盛和兴衰与民族素质有直接关系。而一个民族的标志和水平会直接由青少年的体质表现出来。

终身体育要依靠学校体育。终身体育体系包含众多年龄段的体育，如中老年体育、青少年体育、学龄儿童体育、学龄前儿童体育和婴幼儿体育等。终身体育按照体育要实现的任务和目标可分为社会体育（包括成年后至老年）、学校体育（包括儿童、少年和、青年）、幼儿园体育（包括幼儿和儿童）、家庭体育（包括婴幼儿）等。现代大学生基本都是 18~22 岁，正是锻炼身体的好时期，既要做到全面、系统的锻炼，也要做到有计划、有目的的锻炼，在强健身体的同时，也要熟练掌握与体育锻炼相关的技能和知识，具备一定的体育意识，促进身心健康全面发展。身体在此时的生长和发育与之后的人生有直接关系。如果身体在青少年时期出现心肺机能差、脊柱侧弯和驼背等情况，那么将伴随一生，永远无法消除。因此，在终身体育中，大学体育是不可缺少的一环，发挥着承前启后的作用，是实现终身体育的重要内容。

我国体育竞技水平的提高和后备人才的培养都在一定程度上依赖大学体育。大学生有出色的体能和智力，能为我国竞技体育的发展发挥应有的作用。大学生在自身发展中不仅要具备一定的体育技能和知识，坚持身体锻炼，更是为了以后实现终身体育，发展我国群众体育而打下良好基础。

3. 社会主义文明建设的需要

社会主义文明建设与多姿多彩的校园生活都需要大学体育。大学生要在学习生活和课余文化生活中找到平衡，既要严肃紧张，又要轻松活泼，如此才能促进身心健康的全面发展。体育除了有助于发掘智力，还起到全面提升学生素质、弘扬社会文化的作用；要纠正大学生的不良行为习惯，从精神上抵制污染，崇尚积极向上的健康生活。思想建设和文化建设都需依托学校体育，会在学校体育的推动下积极向前发展，进而覆盖全社会，起到促进社会精神文明发展的作用。

（二）大学体育教育的工作

学校体育工作是指体育课教学、课外体育活动、课余体育活动，这是实现我国大学体育目的与任务的基本途径。

1. 课程内教学

体育课教学是大学体育的重要组成部分，是实现我国大学体育的目的与任务的主要途径之一。教育部把体育课改为体育与健康课，这为体育课教学工作的正常开展提供了强有力的法规保证。

通过开设体育与健康理论课、体育实践课和体育保健课，向学生传授体育基础理论知识，提高大学生对体育的认识，树立终身体育的观念；学习科学锻炼身体的方法；掌握锻炼身体的基本技术；提高大学生的体育文化素养和体育欣赏水平。

2. 课程外教学

课外体育活动作为大学生体育教育的重要组成部分，在大学体育教育中扮演着重要角色。课外体育活动，能够增强大学生的体质，保障大学生的身体健康。大学生可根据自身身体状况及个人喜好并结合自身的职业发展需要选择适合自己的课外体育活动项目，制订科学合理的锻炼计划，从而促进身心健康发展。

3. 课余体育活动

（1）群众性体育竞赛。作为体育教育的另一重要形式，群众性体育竞赛包括校内和校外两种竞赛方式。前者通常是指校内举办的以班级、年级、院系等为单位的比赛项目，如友谊赛、达标运动会等；后者通常是指派校队运动员代表学校参加的校外体育比赛。无论哪种方式都突出了群众性体育竞赛广泛性和多样性特点。

（2）野外活动。在自然环境中开展的各种活动都称为野外活动。例如，人们常见的水上运动、冰雪运动、空中运动等从活动环境来看都属于野外活动，人们经常提到的竞技类、健身类活动等也属于野外活动。各种各样的野外活动在陶冶大学生情操、提升大学生身体素质等方面起到了重要作用，这种作用是一般体育运动所不能替代的。目前，野外活动在发达国家体育教育领域非常流行，在我国值得借鉴和引用。

第二节　大学体育健康教育的功能

"随着人类文明不断发展，健康开始受到人们的重点关注。"❶ 学校体育是高等教育的重要组成部分，担负着培养德、智、体全面发展的高级专门人才的历史使命。这些人才不仅要有坚定的社会主义信念、良好的思想道德素质，掌握和应用现代科学知识，还必须拥有强健的体魄和良好的心理素质，这样才能有坚实的基础和实力参与激烈的竞争，才能为祖国的现代化建设贡献自己的力量。大学生的体育与健康教育具有以下重要功能：

一、增强体质，增进健康，促进身心健康发展

根据大学阶段学生的生理和心理特点，高校有计划、有组织地进行体育教学和课外锻炼，可以改善人体的生理机能，提高身体素质，保持和增进自身的健康水平，使身体形态、机能、心理健康水平和各方面素质得到全面的、均衡的发展，增强人体对自然环境的适应能力和对疾病的抵抗能力，从而强健体魄、振奋精神，促进大学生的身体发育，使其顺利完成繁重的学习任务。

二、增进交流，提高学生的适应能力与社交能力

大学生在紧张的学习生活中，需要健康、文明、和谐的课余文化生活，以适应大学生身心全面发展的需要。体育活动能够使大学校园充满活力和生机，丰富多彩、形式多样的内容吸引广大学生参与和欣赏，大学生通过参加各种体育活动，加强了与大自然的接触和人际交往，开阔了心胸、扩展了视野、集中了精神、增长了知识、增进了友谊和交流，并提高了对环境的适应能力和社交能力。

三、培养良好的思想道德与意志品质

社会主义大学的培养目标，归根结底，就是培养和造就一大批政治素质过

❶　肖斌. 大学体育教学改革初探 [J]. 灌篮，2021（3）：92.

硬、品质优良，具有扎实的科学文化知识和能力，具备强健体魄的人才。大学教育始终把育人放在首位。体育是培养共产主义思想品德及完善个性的重要手段。体育活动内容丰富多彩，结合不同项目的特点和要求能够全面实现对青少年思想品德和个性的培养。

体育活动中，严密的组织和严格的纪律都蕴含着生动的道德教育因素，有助于培养学生的自律精神，正确处理竞争和合作的关系，养成团结互助、遵守纪律、勇敢顽强的优良品质。体育教学能够培养学生良好的思想道德作风和坚韧的意志品质，在知、情、意、行诸方面都有更高层次的追求，从而自觉确立文明、科学、健康的生活方式，促使学生在德、智、体、美诸方面得到全面发展。

四、培养终身体育意识与体育能力

大学体育旨在让学生掌握体育和卫生保健的基本知识、基本技术和基本技能，养成自觉锻炼身体的习惯，培养良好的体育意识，掌握体育的基本规律，为终身体育打下良好的基础。

体育是全面教育体制一种必要的终身教育因素，必须有一项全球性的民主化的终身教育制度来保证体育活动和运动实践得以贯彻每个人的一生。大学体育不仅是在校期间的阶段性教育活动，而且要使在学校接受体育教育的学生受益终生，成为生活的一部分。

五、提高运动技术水平、培养高水平体育人才

大学体育在广泛开展群众性体育活动的基础上，应积极培养竞技体育人才。竞技运动具有重大的社会意义和政治作用，因而出现了前所未有的规模和声势。大学体育借助优越的师资力量、科研水平和体育设施，为国家培养优秀的体育运动人才，推动我国体育事业发展。

第二章
体育锻炼与身心健康

第一节　体育锻炼对身体健康的影响

人体是复杂的统一的有机体。细胞是构成人体的基本结构和功能单位，许多形态相似、功能相近的细胞借细胞间质结合在一起，构成上皮组织、结缔组织、肌肉组织和神经组织四种组织。由几种组织共同构成具有一定形态结构和生理功能的器官，如肝、肾、肺等。在结构和功能上密切相关的一系列器官联合起来，共同执行某种生理活动，便构成系统。人体可分为运动、消化、呼吸、泌尿、生殖、循环、内分泌、循环及神经九个系统。各系统在神经系统的支配下，分工合作，实现各种生命活动，使人体成为统一的有机体。人体运动时，运动器官（骨骼、肌肉、关节）完成各种各样的动作，而内脏器官（呼吸、循环、血液、排泄等）的活动，保证机体在运动时有充分的能量供应和代谢废物的及时排除。没有运动器官和内脏器官的共同作用，运动就不能持续下去。因此，体育运动不仅能增强运动器官的功能，还能增强内脏器官的功能，达到增进健康、强健体魄的目的。

一、运动系统与体育锻炼的影响

（一）运动系统的组成及功能

人体的运动是由运动系统实现的。运动系统由骨、骨连接和肌肉三部分组成。骨与骨连接构成人体的骨架，肌肉附着在骨架上。神经系统支配肌肉的收缩或舒张，牵动骨骼产生各种运动。这种运动是以骨为杠杆、关节为枢纽、肌肉为动力来实现的。

1. 骨骼

人共有 206 块骨骼，包括中轴骨和四肢骨两大部分。颅骨、椎骨、肋骨和胸骨为中轴骨。上肢骨和下肢骨为四肢骨。骨主要由骨质、骨髓、骨膜构成。

（1）骨质。骨质即骨组织，又分为骨密质和骨松质。

（2）骨髓。骨髓充填于骨髓腔和松质腔隙内。又分为黄骨髓和红骨髓，红骨髓能造血。成人髂骨、胸骨、椎骨内终生保留红骨髓。

（3）骨膜。骨膜由致密结缔组织构成，位于骨的最外边，含有丰富的血管、神经和成骨细胞。它在骨的生长、发生、修复和改建中起重要作用。

2. 关节

根据骨连接的结构形式，可分为直接连接和间接连接。直接联接包括膜性连接、软骨性连接、骨性连接；间接联接即关节。关节的结构各不相同，但基本构造都一样，包括关节面、关节囊、关节腔。辅助结构包括韧带和关节内软骨等。

关节的运动，包括围绕冠状轴运动的屈伸运动、围绕矢状轴运动的内收和外展运动、围绕垂直轴运动的旋内和旋外运动，以及近侧端不动、远侧端做圆周运动的环转运动等。

3. 肌肉

人体中的肌肉分为骨骼肌、平滑肌和心肌三类。其中，骨骼肌的数量最多，占体重的 40%~45%，躯体运动就是由它实现的。内脏器官的运动，则是由平滑肌（如胃肠道运动）和心肌（心脏的泵血活动）实现的。肌肉的基本组织包括肌组织（由肌纤维组成）、结缔组织、神经组织。此外，肌肉还分布有丰富的血管网。组成肌肉的基本单位是肌纤维，它是肌肉中的收缩成分，其功能是通过收缩而产生张力和长度的变化。肌肉中有丰富的毛细血管网及神经纤维，保证肌肉的养分供应及神经调节。肌肉中的结缔组织是肌肉的弹性成分，与肌肉中的收缩成分并联或串联，当收缩成分缩短时，弹性成分被拉长，并将前者释放的能量部分吸收储存起来，然后以弹性反作用力的形式发挥出来，以促使肌肉产生更强大的力量和更快的运动速度。

（1）肌肉的兴奋与收缩。每块骨骼肌都有神经支配，一个运动神经元连同它的全部肌纤维，从功能上看是一个肌肉活动的基本功能单位，称为一个运动单位。人体运动时，神经中枢通过改变参加工作的运动单位的数量，来调节肌肉收缩的力量。参与收缩的运动单位越多，肌肉收缩产生的力量就越大。运动神经纤维在骨骼肌中形成数百条分支，每一分支支配一条肌纤维。运动神经纤维的轴突末梢嵌入肌膜上的终板膜的凹陷中，形成神经肌肉接头。当神经冲动从神经纤维传到轴突末梢时，轴突末梢神经膜的通透性发生改变，引起囊泡破裂，乙酰胆碱被释放到接头间隙，与膜上的乙酰胆碱受体相结合，进而触发一个可传导的动作单位。沿肌膜传播至整个肌纤维，使肌纤维产生一次收缩。

（2）肌肉力量的影响因素。

第一，肌肉生理横断面。肌肉的生理横断面是指横切一块肌肉所有肌纤维所获得的横断面的总和。一块肌肉的力量是这块肌肉内全部肌纤维收缩的总和。因而，肌肉的生理横断面越大，肌力就越大。

第二，肌群的协调能力。人体即使达到最大用力，神经系统也不可能募集100%的肌纤维同时参加活动。运动时，参与活动的肌纤维数量越多，则肌肉收缩时产生的力量越大。一个不经常参加体育锻炼的人，最大用力时大约只能动员60%的肌纤维参加活动，而训练有素的运动员，则可动员90%以上的肌纤维参加活动，能募集到那些不易激活的肌纤维。

第三，肌肉收缩前的初长度。动物实验证明，在肌肉收缩前就给予肌肉一定的负荷（前负荷），使肌肉被拉长，可以观察到：随着前负荷的不断增加，肌肉收缩前的长度（初长度）被拉得越来越长，肌肉的收缩效果越来越好，当前负荷增加到一定程度，肌肉收缩前的长度（初长度）增加到某一程度时，再增加肌肉的前负荷及肌肉收缩前的长度（初长度），肌肉的收缩效果将越来越差。由此可见，肌肉收缩时的力量大小与肌肉收缩前的初长度有关。在一定范围内，肌肉收缩前的初长度越长，肌肉收缩的力量就越大。

（3）骨骼肌的收缩形式。身体的运动是内力和外力相互作用的结果，人体的各种运动的完成和姿势的保持是通过肌肉兴奋时，其长度和张力发生变化而实现的。根据肌肉在完成各种动作时，整块肌肉长度的变化，肌肉的收缩可分为多种形式。以下仅简单介绍缩短收缩、等长收缩和拉长收缩三种形式。

第一，缩短收缩。缩短收缩是指肌肉收缩时产生的张力大于所要克服的阻力，肌肉缩短牵拉它附着的骨杠杆做向心运动，又称向心收缩。由于收缩时产生了位移，也被称为动力性工作。向心收缩是肌肉长度发生缩短的收缩形式，在力量练习中属于最普通的一种，如利用哑铃、沙袋、杠铃、拉力器等锻炼肌肉均属于此类。动力性工作和静力性工作常常共同起作用，协调动作的产生，完成人体各种各样的动作和活动。

第二，等长收缩。等长收缩是指当肌肉收缩产生的张力等于外力时，肌肉虽然积极收缩，产生很大的张力，但肌肉的总长度不变。当肌肉处于等长收缩时，从整块肌肉外观看，肌肉长度不变，但实际上肌肉的收缩成分（肌纤维）正处在收缩中，而弹性成分被拉长，因此，整块肌肉长度保持不变。当肌肉处于等长收缩时，由于没有位移的产生，也称为静力性工作。在实现人体运动中，等长收缩起着支持、固定和保持某一姿势的作用，如站立、悬垂、支撑等。

第三，拉长收缩。拉长收缩是指当肌肉收缩产生的张力小于外力时，肌肉虽然积极收缩但仍然被拉长。当肌肉做拉长收缩时，环节是背着肌肉的拉力方向运动的，但运动速度缓慢，肌肉变长、变细、变硬，这种收缩形式又称为离心收缩。

（4）肌肉收缩时的能量代谢。ATP 是一切生理活动的直接能量来源，人体肌肉中 ATP 的含量很少，只能供机体短时间的消耗。因此，在机体运动过程中，必须不断地对肌肉中的 ATP 进行补充，才能满足运动的需要。人体有三个基本的能量系统，在体内 ATP 消耗的同时，不断生成 ATP，以维持人体基本的生理需要和活动所需。

第一，磷酸原系统。磷酸原系统（ATP-CP 系统）是由腺苷三磷酸（ATP）和磷酸肌酸（CP）构成的能量系统，其供能时的能量来源于 ATP 和 CP 分子中的高能磷酸键断裂所释放的能量。肌肉中 CP 的储量是 ATP 的 3~5 倍，但其含量也是有限的。当人体竭尽全力运动时，依靠磷酸原系统供能所能支持的时间为 7.5s。因此，磷酸原系统供能的特点是：持续时间短，供能速度快，不需要氧气，不产生乳酸等。体育运动中短跑、冲刺、举重及投掷等爆发性的动作，全靠磷酸原系统供能。

第二，有氧氧化系统。有氧氧化系统是指糖、脂肪和蛋白质在供氧充分的情况下，在细胞内彻底氧化成二氧化碳和水，同时生成大量 ATP 的能量系统。有氧氧化系统生成丰富的 ATP，且不生成乳酸这类导致疲劳的副产品，它是长时间耐力运动中占支配地位的能量系统。例如，田径运动中的长跑、马拉松运动等主要靠有氧氧化系统供能。

第三，糖酵解系统。糖酵解系统是指糖原或葡萄糖在细胞质内无氧分解生成乳酸，再合成 ATP 的能量系统，它是机体在缺氧条件下的主要能量来源。当运动的持续时间在 10s 以上且强度很大时，磷酸原系统已不能满足运动所需要的能量，此时的能量供给主要依赖糖酵解系统。例如，田径运动中的 400m、800m、1500m 运动等主要靠无氧糖酵解系统供能。

（二）体育锻炼对运动系统的影响

1. 对骨骼的影响

青少年骨骼中有机物含量多、骨骼弹性大而硬度小，可塑性强，随着年龄的逐渐增长，骨骼中无机盐含量逐渐增多，骨骼韧性减小而坚固性增强。因此，青少年时期的骨骼正处于生长发育阶段，是实施体育教学和运动训练的关键时期。适宜的运动会使机体内血液循环加快，新陈代谢加强，使骨的强度和坚固性增加，骨密质增厚，管状骨增粗，促进骨的生长发育。

另外，适宜的运动还对成骨细胞产生恰当的机械性应力，使骨小梁的排列更加整齐而有规律，骨形态结构的这种良好变化，使骨的抗压、抗弯、抗折断和抗扭转等机械性能得到提高。

2. 对关节的影响

青少年的关节结构与成人相比较，有不同的特点，关节面软骨比较厚，关节囊较薄，关节周围的肌肉细小，收缩力量较差，关节周围的韧带薄而弛豫。这些特点，使得青少年的关节灵活性与柔韧性较好，关节运动幅度较大，但牢固性较差。体育锻炼可以增强关节周围的肌肉力量，使关节软骨和关节囊增厚，肌腱、韧带增粗，胶原纤维量增加，增强关节的稳固性；同时，经常进行伸展性练习，可使关节囊、韧带的伸展性增强，关节的运动幅度增大，灵活性提高。

关节的稳固性和灵活性是相互矛盾的。因此，青少年在体育锻炼中要正确处理两者之间的关系，在发展肌肉力量的同时，要加强伸展性动作练习。只有这样，才能使关节既稳固又灵活。

3. 对骨骼肌的影响

青少年的骨骼肌与成人相比较，蛋白质、脂肪及无机盐类含量较少，而水分含量较多，肌肉收缩能力较差，经常参加体育锻炼可使青少年的肌肉体积显著增大，肌肉中的线粒体数量增多，体积增大，肌纤维中的肌质网增多，肌肉中肌糖原、肌球蛋白、肌动蛋白、肌红蛋白和水的含量增加，以适应肌肉收缩的需要，肌肉中的脂肪减少，使肌肉收缩时的黏滞阻力变小，肌肉的收缩效率得到提高。

体育锻炼还使肌肉中毛细血管数量增多及其分支吻合增多，有利于改善肌肉收缩时的血液供给，运动还可使肌肉的结缔组织增厚，提高肌肉的抗张强度，增强肌肉的抗断能力。另外，系统的运动训练也使肌肉中运动终板数量明显增多，有利于提高肌肉的活动能力。

二、呼吸系统与体育锻炼的影响

（一）呼吸系统的组成及功能

呼吸系统包括呼吸道和肺两大部分。呼吸道是输送气体的管道，分为上呼吸道和下呼吸道两部分。上呼吸道由鼻、咽、喉组成；下呼吸道由气管及其分支的各级支气管组成。

肺位于胸腔内，左右各一。肺是实质性器官，由主支气管进入肺后经过多级分支形成支气管树及支气管树的末端（构成肺泡）。肺泡数量很多，成人有3亿~4亿个，总面积为 $70 \sim 100 m^2$。肺泡壁由单层上皮细胞构成。肺泡上皮含两型细胞：一型为扁平细胞，很薄，便于气体弥散；另一型为分泌细胞，对肺泡损伤有修复作用。

气体交换主要在肺泡中进行，胸肺的形态腔的节律性扩大和缩小称为呼吸运动，它是通过呼吸肌的舒缩活动实现的。人体在生命活动中不断地消耗能量，细胞在代谢时不断地消耗氧并产生二氧化碳。氧的吸入，二氧化碳的排出，必须依靠呼吸系统来完成。

人体与外界环境之间通过呼吸系统进行气体交换以获取氧的过程称为呼吸，包括肺通气和肺换气。

1. 肺通气

肺通气，是指肺与外界环境之间气体交换的过程。肺通气时的动力因素与阻力因素会影响肺通气的量。肺通气的阻力分为弹性阻力和非弹性阻力两种，弹性阻力来自肺和胸廓，如果肺和胸廓在外力作用下容易扩张，就表示其顺应性大，弹性阻力小。呼吸系统的气道阻力和组织的黏滞性阻力构成了非弹性阻力。而呼吸肌的收缩与舒张可以引起胸廓节律性地扩大与缩小，使肺内压与大气压之间出现压力差，推动气体进出肺，因此是肺通气的重要动力。

（1）肺容积。肺容积有四种类型：潮气量、补吸气量、补呼气量和余气量。潮气量是指在每一个呼吸周期，吸入或呼出的气量；补吸气量是指在平静吸气末再继续尽力吸气，所能吸入的气量；补呼气量是指在平静呼气后再继续尽力呼气，所能呼出的气量；余气量是指在尽自己最大能力呼气后，仍存留在肺内的气量。

（2）肺容量。肺容量是指两种或两种以上肺容积中的联合气量，包括深吸气量、功能余气量、肺活量、时间肺活量和肺总容量。

深吸气量，是潮气量与补吸气量之和。它与胸廓的形态和呼吸肌的发达程度有关，是衡量最大通气潜力的重要指标。

功能余气量，是指平静呼气末仍存留在肺内未呼出的气量。其生理意义在于：缓冲呼吸时肺泡气中的氧分压和二氧化碳分压，防止气体压力变化过于剧烈，以保证气体在肺泡中能稳定和连续地进行交换。

肺活量，是指机体在最大吸气后再尽力呼气，所能呼出的气量，它的大小反映呼吸系统一次通气的最大能力，在一定程度上可以作为肺通气功能的指标。呼吸肌的收缩力量、肺和胸廓的弹性等因素对肺活量的影响较大。

时间肺活量，是指在尽自己最大能力吸气之后，再以最快的速度呼气，在呼气过程中分别测量第1s、2s、3s末的呼气量，然后分别计算其所占肺活量的百分数，时间肺活量能更准确地反映肺通气功能的大小，肺的弹性及气道阻力对时间肺活量的影响较大。

肺总容量，是肺活量与余气量之和，是肺所能容纳的最大气量。

2. 肺换气

肺泡与肺泡毛细血管血液之间的气体交换，称肺换气。新鲜空气经呼吸道进入肺泡后，与肺泡毛细血管内的血液进行氧气和二氧化碳的交换。肺换气时，肺泡中的氧气扩散到肺泡毛细血管内的血液中，同时，肺泡毛细血管内的血液中的二氧化碳扩散到肺泡内；在体内，血液与组织（如骨骼肌）之间发生气体交换，毛细血管血液中的氧气扩散进入组织和细胞，以供组织利用，组织中的代谢产物二氧化碳扩散进入血液，通过呼吸活动排出体外，这一过程称为组织换气。

（二）体育锻炼对呼吸系统的影响

运动时，随着运动强度的增加，组织代谢所需的氧气量及二氧化碳的产生量都大大增加，这需要加强呼吸过程，吸进更多氧气，排出更多二氧化碳。运动时呼吸功能的变化，主要表现在肺通气功能和肺换气功能的改变。

1. 运动时肺通气功能的变化

青少年肺容积较小，肺通气量比成人低。运动时机体代谢增强，呼吸加深加快。这时，需要增加肺通气量来满足机体的需要，肺通气量的增加主要是通过增加潮气量和呼吸频率来实现的。当运动强度较低时，肺通气量的增加主要依靠增加潮气量来实现，呼吸频率的增加并不明显；但在运动强度超过一定强度后，肺通气量的增加则主要依靠增加呼吸频率来实现。长期坚持锻炼的人，呼吸系统的骨性结构和呼吸肌都能得到良好的发展，呼吸肌的力量加强，吸气和呼气的能力提高。安静时呼吸深度加深，呼吸频率降低，肺通气量相应增大；运动时呼吸深度的加深可使肺泡通气量和气体交换率提高，减少呼吸肌的耗氧量，这对长时间运动十分有利。另外，随着锻炼水平的提高，膈肌的力量逐渐增强，肺活量不断增大。长期锻炼还可减缓肺活量随年龄增长而下降的速度。肺活量是青少年儿童生长发育和健康水平的重要指标。青少年经常参加体育锻炼，可增强呼吸肌的力量，使胸廓扩大，有利于肺组织的生长发育和肺的扩张，使肺活量增加。经常参加体育锻炼的人，肺活量值高于一般人。

2. 运动时肺换气功能的变化

体育锻炼由于加强了呼吸力量，可使呼吸深度增加，以有效地增加肺的通气效率，因为在体育锻炼时如果过快地增加呼吸频率，会使气体往返于呼吸道，这样真正进入肺内的气体量反而减少；适当地增加呼吸频率，会使运动时的肺通气量大大增加。

三、心血管系统与体育锻炼的影响

（一）心血管系统的组成及功能

心血管系统又称为循环系统，由心脏和各类血管组成。血管包括动脉、静脉和毛细血管。在神经系统调节下，心脏有规律地收缩，推动血液不断地在血管内循环。

人体内的血管因功能不同，其管壁结构也不同。大动脉的管壁厚而有弹性，含有丰富的弹性纤维，称为弹性血管，它可以保持血压的基本稳定。小动脉的管壁富有平滑肌，平滑肌的收缩可以通过改变血管的口径改变血流阻力，又称为阻力血管。静脉血管的口径大、易扩张，因此体内多数血液存在于静脉系统中，被称为容量血管。毛细血管口径小，管壁薄，数量大，是血液与组织液的交换场所，又被称为交换血管。

1. 血液循环

血液循环分为相互连续的两部分，即体循环和肺循环。

（1）体循环。动脉血由左心室搏出，流经主动脉及各级分支到达全身的毛细血管（毛细血管是连于动脉与静脉之间的微细血管），由于动脉血中的氧分压大于组织中的氧分压，氧由血液向组织扩散；因为动脉血中的二氧化碳分压小于组织中的二氧化碳分压，二氧化碳由组织向血液扩散，使动脉性血变为静脉性血。静脉性血由毛细血管汇入各级静脉。静脉连接于毛细血管，由小静脉逐渐汇合成大静脉，把血液运回到右心房。血液就是这样从心脏射出，经动脉、毛细血管和静脉返回心脏，循环不止。

（2）肺循环。静脉性血由右心室搏出，流经肺动脉及各级分支，最后到达肺泡壁上的毛细血管网。静脉性血在毛细血管网中进行气体交换，肺泡气中的氧扩散到毛细血管中，毛细血管中的二氧化碳扩散到肺泡中。气体交换后，毛细血管中的静脉性血变成动脉性血，经肺静脉返回左心房。

2. 心率

心脏每收缩和舒张一次，称为一个心动周期。在心动周期的舒张期，血液由静脉回流入心脏，在心动周期的收缩期，心肌的主动收缩将血液由心脏射入动脉。心脏每分钟跳动的次数用心率来表示。健康成年人心跳为 60~100 次/min，平均 75 次/min。成年人如果在安静时心率低于 60 次/min，即为心动过缓，高于 100 次/min，即为心动过速。心率有较大的个体差异，不同年龄、不同性别、不同生理状态下，心率有所不同。青少年的新陈代谢比较旺盛，但心脏结构与功能尚未发育完全，神经系统对心脏和血管的调节不够完善，因此心率较快，之后，随着年龄的增长，心率会逐渐减慢，青春期时接近成年人水平，成年女性心率略高于成年男性。体育活动、情绪激动和体温升高时，心率明显加快。

3. 每搏输出量

每搏输出量，是指心脏在每次收缩时，由左心室射入主动脉的血量，心脏每搏动一次大约向血管射血 70mL。因此，正常人安静时的每搏输出量为 70mL。心脏每分钟由左心室射入主动脉的血液量为每分输出量，常用心输出量来代表每分输出量，每搏输出量与心率的乘积就是心排血量，成年人安静时心排血量为 3~5L。

4. 血压

血液在血管内流动时对血管壁的侧压力就是血压。各类血管均有不同的血压。一般情况下，血压多指动脉血压。动脉血压以肱动脉压为标准，分为收缩压和舒张压，成年人正常血压为：收缩压小于 17.3kPa，舒张压小于 11.3kPa。血压可随年龄、性别和体内生理状况的变化而有所变动。

（二）体育锻炼对心血管系统的影响

体育锻炼时，肌肉活动会消耗大量的氧，同时产生更多的代谢产物和二氧化碳。为了满足肌肉运动时代谢的需要，就必须加快血液循环，使心脏的工作量增加。久而久之，会使心肌纤维增粗，心壁增厚，心腔扩大，心脏增大，使心脏具有更强的收缩力，从而使心脏的每搏输出量增加。

成年人安静时脉搏频率平均为 75 次/min，长期坚持体育锻炼可使安静时脉搏频率降为 50~60 次/min，由于心脏本身的血液供应很特殊，心脏只有在舒张期时，血液才能经过冠状动脉流入心脏，而舒张期的时间是随心率的加快而明显缩短的。因此，脉搏频率的减少能使心脏在收缩后有较长的休息时间，以提高心脏下一次收缩时的工作效率，增强心脏的储备功能，使心脏在人体进行剧烈运动时，能够承受大运动量的负荷。经常锻炼的人在脉搏频率达到 200 次/min 以上时都不会有明显不适，而一般人在脉搏频率达到 180 次/min 时就会出现面色苍白、恶心等症状。另外，经过长期体育锻炼后，人体在一般活动时脉搏频率升高少，而紧张活动时脉搏频率升高很多，活动结束后，脉搏频率能较快恢复到安静状态，使心脏的储备能力增强。

因为心排血量是每搏输出量与心率的乘积，运动时心排血量的增加，主要是通过每搏输出量和心率的增加来实现。但心率的增加又会缩短心室每次舒张的时间，从而导致回心血流减少，搏出量随之减少。只有在心率最适宜时，心排血量达到最大，心率过快或过慢都会减少心排血量。因此，人们在进行身体锻炼时，应把心率的增加控制在最佳心率范围内，使心脏功能得到良好的锻炼。经常参加体育锻炼的人无论是在安静状态还是运动状态下，每搏输出量均比正常人高。特别是在运动状态下，每搏输出量的增加更为明显，能更好地满足运动时机体代谢的需要。

运动也会影响循环血量的多少。在安静状态下，人体中的大部分血液在心血管中流动，称为循环血量。还有一部分血液滞留在肝、肺、腹腔静脉以及下腔静脉等处，流动缓慢，称为储存血量。人们运动时，由于人体对能量的需求增加，储存血被动员，循环血量增加。循环血量的增加，使机体在剧烈运动时生成的代谢产物被很快地排出体外，大大提高肌肉中营养物质的供给速度。

坚持体育锻炼还能影响血管壁的结构，使动脉血管壁的中膜增厚，平滑肌细胞和弹性纤维增加，能够增加骨骼肌中的毛细血管数量及吻合支，长期的体育锻炼还可使冠状动脉口径增粗，重量增加，这些改变能大大提高器官的供血能力。体育锻炼还能增加管壁的弹性，这对老年人来说是十分有益的，可以预防或缓解老年性高血压症状。

四、神经系统与体育锻炼的影响

（一）神经系统的组成及功能

人体是一个复杂的有机体，各器官、系统之间的功能相互联系、相互协调、相互制约；同时，人体生活在不断变化的环境中，环境的变化随时影响体内各器官系统各种功能。这就需要对体内各器官系统功能不断做出迅速而完善的调节，使机体适应内外部环境的变化。实现这一调节功能的就是神经系统。

神经系统分为中枢神经系统和周围神经系统两部分。中枢神经系统包括脑和脊髓。周围神经系统是脑和脊髓以外的神经成分，其一端同脑和脊髓相连，另一端通过各种末梢结构与身体其他器官、系统相联系。神经元是神经系统结构与功能的基本单位，具有感受刺激、传导神经冲动的功能，神经元之间通过突触进行神经联系。神经系统活动的基本方式是反射，反射是指神经系统对内、外部环境的刺激做出适宜反应的调节过程。反射活动的结构基础为反射弧，反射弧由感受器、传入神经、神经中枢、传出神经与效应器五部分构成。

反射包括非条件反射和条件反射两类：①非条件反射是指人体与生俱来的简单反射，对人体及种族的生存具有重要意义。②条件反射是个体在后天学习中获得的，是复杂的高级反射活动，通过各级神经中枢进行多级整合才能够建立，它的建立使机体对环境条件的变化具有更强、更精确的适应性。

（二）体育锻炼对神经系统的影响

人体的一切活动都是在神经系统的调节下进行的。体育锻炼可以改善和提高中枢神经系统的工作能力，改善神经系统的均衡性和灵活性，并提高大脑的综合分析能力，增强机体适应变化的能力和工作能力。体育锻炼通过提高神经传导速度，提高条件反射的速度和灵活性，缩短神经系统的反应时间（一般人的反应时间大于 0.4s，而经常锻炼的人的反应时间小于 0.32s），从而提高动作的敏捷性；体育锻炼可使神经系统的兴奋和抑制更加平衡，增强神经系统的协调能力，使机体承受更大的刺激和精神压力，提高机体的抗挫折能力；体育锻炼还可以改善神经系统的能量和氧气供应，消除因用脑过度而引起的疲劳；经常进行体育锻炼，还可以使神经系统的灵活性和兴奋性都得到改善，当外界环境发生变化时，对外界刺激的反应更准确、更迅速，对体内各器官的活动调节更协调。

在许多体育运动项目中，人体是通过触觉、视觉、听觉、本体感觉与位置觉相结合，来感受肌肉张力的改变和环节运动的空间位置等变化，并将这些变化转化为神经冲动，传入神经中枢，通过效应器完成体育运动动作。例如，排球运动员就是通过手对球的感觉来完成运球、扣球与拦网等动作。因此，体育锻炼还可以增强触觉、视听觉、本体感觉等器官功能，增加视野的宽广度，加强眼周围肌肉的协调性；提高人体对空间、方位、高度和速度等的感应能力，以及皮肤对气候、温度、运动等方面的敏感度。

五、消化系统与体育锻炼的影响

（一）消化系统的组成及功能

消化系统包括消化管和消化腺两部分。消化管为中空性器官，包括口腔、咽、食管、胃、小肠和大肠等器官。消化腺包括突出到管壁外的大消化腺和消化管壁上的小消化腺，大消化腺包括肝、胰和唾液腺。消化系统的主要功能是：从外界摄取营养物质进行消化和吸收，以满足机体新陈代谢和其他活动的需要。

消化是指一些大分子的有机物（如糖、蛋白质、脂肪）在胃肠道内的消化液的作用下，分解成小分子物质的过程。消化是从口腔开始的，胃和小肠是食物消化的主要场所。人的大肠没有重要的消化活动，食物残渣进入大肠后，通过大肠的机械运动被排出体外。

矿物质、维生素和水通过消化道黏膜上皮细胞进入血液和淋巴液，一些大分子的有机物（如糖、蛋白质、脂肪）在胃肠道内消化液的作用下，分解成小分子物质，也通过消化道黏膜上皮细胞进入血液和淋巴液，这些过程就是吸收。食物在口腔和消化道内不被吸收；胃只能吸收酒精和水分；小肠是吸收的主要部位，蛋白质、脂肪和糖的大部分消化产物在十二指肠和空肠中被吸收；盐类物质和剩余的水分主要在大肠中被吸收。

（二）体育锻炼对消化系统的影响

人们经常参加体育锻炼，使胃肠的血液循环得到改善，消化腺分泌的消化液增多，消化管道的蠕动加强，食物在消化系统的消化和吸收就会更加充分和彻底。营养物质（如蛋白质、钙、磷及维生素 D 等）的吸收率会明显提高，有利于增强体质。

因为剧烈运动时，为了保证肌肉工作的需要，机体内的血液会重新分布，大量循环血液流入肌肉，此时胃肠道的血流量明显减少，导致消化腺的分泌量随之减少。另外，人们运动时副交感神经的兴奋性降低。活动减弱，抑制了胃肠活动，使胃肠道的消化与吸收能力下降。因此，人们在剧烈运动后不宜马上进餐，否则会对消化系统产生不良影响。而人体在饱餐后，胃肠被食物充满，需要大量血液进行消化吸收，肌肉中的血流量减少，这时也不宜马上进行运动。

第二节　体育锻炼的心理健康效应

"良好的体育锻炼活动不仅能提升身体素质，还能解决当代大学生存在的部分心理问题，提高其心理健康水平。"[1] 心理健康主要包括四个层次：①心理与环境的统一性。②心理与行为的整体性。③道德健康层次。④社会适应的健康层次。随着生活水平的日益提高，人们对于健康的概念有了更全面的认识，越来越关注生活质量的改善与自身身心的健康发展。

一、体育锻炼有助于智力的发展

智力是大学生圆满完成学习任务的基本条件，正常的智力是正确感知和认识世界的前提，是心理健康的基础。经常参加体育运动不仅可以使学生的注意力、记忆力、反应、思维、想象等能力得到提高，还可以使其情绪稳定、性格开朗。具体来说，体育运动对智力发展的作用主要表现在以下方面：

第一，运动可促进人大脑的开发和利用，增强神经系统功能。人右脑的信息容量、记忆容量、想象思维能力都大大超过左脑。人们经常参加体育运动可以使右脑得到充分锻炼，从而提高记忆力和形象思维能力。

第二，运动可以有效地促进血液循环，使大脑获得更多养分，从而提高脑力劳动的效率。

第三，运动可以增强大脑兴奋和抑制过程的转化能力，从而加强神经系统的稳定性，提高反应性和灵活性。

---

❶　游晓丽. 体育锻炼提升大学生心理健康水平研究 [J]. 普洱学院学报，2022，38（3）：49.

第四，运动可以在一定程度上消除脑力劳动引起的疲劳。大学生在学习过程中，大脑皮质的有关领域常处于高度兴奋状态，随着学习时间的延长而产生保护性抑制，学习效率降低。每天一小时的体育运动和脑力劳动合理交替，有助于消除脑力劳动所产生的疲劳，从而提高学习效率。

第五，体质的增强和健康水平的提高，使学生的精力更加充沛，更具有持久地承担比较繁重的学习任务的能力，并充分挖掘和开发学习潜力。

二、体育锻炼促进人格的全面发展

自我概念是个体主观上对于自己的看法和感觉的总和。自我概念是相对稳定的，在适应社会和人格的形成方面起到很大作用。参加体育锻炼有利于提高自我概念清晰度。自我概念的变化与游戏和体育课程有关，参加有组织的体育运动是使大学生自尊得到提高的重要因素。肌肉力量与自尊、情绪稳定性和外向性格呈正相关，通过力量训练，个体的自我概念显著增强。当然，经常不间断地进行体育锻炼，有助于养成终身喜欢运动的态度和习惯，这与全民健康、终身体育的指导思想是一致的，这有益于人们的身心健康，有益于正确认识自我，养成体育锻炼的习惯，能使人学会竞争，学会展示自己的才能与实力。

体育锻炼也能使人学会与人合作和相互配合，使很多人凝聚成一个整体，为了共同的目标努力获得成功。体育运动能让人掌握一种与人相处的法则，即自己成功时要谦虚，别人成功时要欣赏，大家共同成功时要勇于分享，这一法则又是健全人格的法则。体育锻炼能发展人的多方面能力，如身体运动协调能力、思维能力，还可以磨炼人的意志，使人变得坚强刚毅、开朗乐观。人们在锻炼中学会控制自己的需要和动机，从而使自己的个性更加成熟。

三、体育锻炼有助于调节人的情绪

体育锻炼对心理健康影响的主要因素之一就是情绪，人们通过体育锻炼情绪会得到调控。不良情绪是导致生理、心理异常和疾病的重要因素之一，而体育锻炼能给人带来愉快和喜悦，并减少紧张和不安，从而调控人的情绪，改善心理健康。运动行为的替代作用可以减弱或消除情绪障碍。在当今快节奏、高效率、强竞争的时代，人们心理上会有一定程度的紧张、焦虑、不安，在繁忙的工作中抽出时间坚持体育锻炼，可使紧张、焦虑、不安的情绪得到缓解，心理承受能力得到提高，适应能力得到增强。

四、体育锻炼有助于协调人际关系

"心理健康是现代健康观的重要组成部分，良好的心理健康水平是大学生学习和生活的重要保证。"❶ 一个心理健康的人，应具有宽容、热情、友爱、合群等品质，能妥善处理人际关系。21 世纪是科技高速发展的时代，将会直接影响和改变人们的生活方式。然而，科技在推动社会进步的同时，也引发了一系列的负面效应。而体育运动能把人们聚在一起，平等、友好、和谐地进行练习和比赛，增加彼此之间的亲切感。在课堂和课外体育活动中，不用言语，只需一个手势、几个动作就可以直接或间接地沟通信息、交流心声，彼此产生信任感和集体荣誉感。由此可见，体育运动能使人们结识更多朋友。大家和睦相处、友爱互助、关系融洽，这种良好的人际关系令人心情舒畅、振奋，从而更好地适应社会。

人类的心理适应，最主要的就是对于人际关系的适应，人际关系是衡量一个人心理是否健康的重要因素之一。体育锻炼是在一定的社会环境中进行，它总是与人发生交往和联系，人们在运动中能够较好地克服孤独感，忘却烦恼和痛苦，协调人际关系，扩大社会交往，提高社会适应能力。外向性格者比内向性格者的社会需要更强烈，这种需要可通过集体性的体育活动得到满足。由此可见，体育活动对人们增进相互交往、克服孤独感、培养心理适应能力都具有重要作用。

五、体育锻炼有助于降低应激反应、消除疲劳

体育活动具有减轻应激反应以缓解紧张情绪的作用。与不运动的人相比，经常进行体育锻炼的人更少产生生理上的应激反应，即使有应激反应，也能尽快地恢复过来。自觉积极地参加体育锻炼能快速消除疲劳，人们常说的"疲劳"是一个综合性症状，与人的生理和心理因素有关。若运动情绪消极会很快产生疲劳，若保持良好的情绪状态就能减少疲劳，且通过体育锻炼能增强诸如最大摄氧量和

---

❶ 陈亮. 体育锻炼促进大学生心理健康发展路径探究［J］. 文体用品与科技，2022，16（16）：28.

最大肌肉力量等生理功能，从而缓解疲劳。

六、体育锻炼能够有效地降低焦虑与抑郁水平

长期持续的身体锻炼对患有焦虑、抑郁等心理疾病的人有缓解作用，能有效地降低焦虑水平，从而产生良好的心理效应。人们在体育锻炼中能逐渐体验到结交朋友的快乐感、压力释放的轻松感、享受生活的满足感，这会使人们更加自觉地投入运动中，这种积极的情绪体验具有直接的心理健康效应，但其功效可能会因个体与项目的不同而产生差异。按照运动知觉能力进行分组比较，可以发现不同知觉能力组间的人群存在极为显著的差异，知觉能力强的群体表现出良好的心理健康水平，能正确面对现实，社会适应性良好，而知觉能力弱的群体则表现出有一定的心理困扰倾向，有强烈的不安感，有显著的不适行为。可见，体育锻炼与人的心理健康之间有重要的互动关系。

适度的有氧健身活动对长期性的轻微到中度的焦虑症和抑郁症有一定的治疗作用。人们参加运动前的焦虑、抑郁程度越高，受益于健身活动的程度越大，每天坚持 20～30min 适度的有氧健身活动，既能增强心血管功能，也能降低焦虑、抑郁等心理障碍和心理焦虑水平。

第三章
体育锻炼的科学理论基础

第一节　体育锻炼及行为理论

一、体育锻炼的科学分析

（一）健康标准与体育锻炼

健康是人类关注的永恒主题。"健康第一"是时代的需要、社会发展的需要，也是我国现实国情的需要。树立"健康第一"的理念，将对人类的发展、社会的进步，对我国在 21 世纪的改革与发展产生深远影响。

健康的内涵一直是人们所关心和探讨的问题，不同的历史阶段对健康有不同的理解并赋予健康不同的内涵。人类对健康的认识是以人类的科学进步、以对人类自身的认识和了解为基础的。健康不仅是免于疾病和衰弱，而且是保持身体上、精神上和社会适应方面的完善状态。另外，"道德健康"应该包括在健康的含义中，一个人只有在身体健康、心理健康、社会适应良好和道德健康四个方面都健全，才能算是健康的人。全面、客观地从生理、心理、社会、道德方面来探讨人的健康，争取健康和创造健康是现代人的健康观。

Health 意为"健康"，即世界卫生组织对"健康不仅是免于疾病和衰弱，而且是保持身体上、精神上和社会适应方面的完善状态"的定义；Wellness 字面上是"良好"的意思，而从其含义上看，则更接近于一种以达到健康、幸福、财富为目标的个人健康的做法，强调个人的责任，通过实行能够增进健康的生活方式来实现。更确切地说，Wellness 实际上是一种能够增进健康的合理生活方式，一种积极的和高质量的生活。它的内涵广泛而具体，包括以下诸方面良好状态：

第一，社会方面，认为个体应具有准确扮演其社会角色的能力，同时不会对他人造成伤害。

第二，身体方面，认为应通过合理饮食，进行有规律的锻炼，改变不良习惯和嗜好，参加能够预防疾病的活动，在需要的时候寻求医疗保健方面的帮助，以及在身体健康方面具有广博的知识和高度的责任感等来维护一个健康的体格。

第三，心理方面，要求有理解和合作的精神，能够妥善处理日常生活中的问题。

第四，智力方面，应具备能够接受新事物的开放性思维，乐于寻求新的经验和体会，勇于接受新的挑战。

第五，精神方面，应能够合理平衡自身需要和外界需求的矛盾，恰如其分地进行自我评价和自我对待，与他人和谐相处。

第六，职业方面，即喜爱自己维持生活并对社会做出贡献的工作。无论从事何种职业，都应具备判断性思维、解决问题的能力以及与他人交流和沟通的能力，部分研究认为其隶属社会健康。

随着人们对包括"现代文明病"在内的健康问题的深入认识，相关研究者总结出维护健康的四大基石：平衡饮食、适量运动、戒烟限酒、心理健康。其中，适量运动即为科学的体育锻炼。

体育锻炼是指人们根据需要自我选择，运用各种身体练习方法和手段，并结合自然力和卫生措施，以强身健体、调节精神、丰富文化生活和支配余暇时间为目的的体育活动。体育锻炼是增进健康，增强体质最积极、最有效的方法。

（二）体育锻炼、运动训练与体育教学

体育锻炼是科学地利用所掌握的体育方法，结合自然环境与卫生等因素进行发展身体、增进健康、陶冶情操的身体活动过程。体育锻炼要与运动生理规律、健身原理、个人、社会和自然环境等多方面因素相协调，以达成多领域的健康目标。

体育锻炼、运动训练和体育教学三者既有联系，又有区别。它们都是以身体练习为基本手段，要承受一定的运动量并使运动痕迹不断积累，以便不断促进身

体新陈代谢，改善身体形态机能，增强体质；它们都具有教与学的因素。这三者的主要区别在于：由于运动的定位不同，表现在目的、对象、内容、运动负荷及组织形式等诸多方面各有侧重。

二、体育锻炼的行为理论

（一）体育锻炼行为的概念与模型

1. 体育锻炼行为的概念

行为是个体或集体对环境的反应，行为与生活方式密切相关。生活方式包括物质生活资料的消费方式、精神生活方式和闲暇生活方式。体育锻炼行为是在认识身体活动的基础上建立的。"复杂的体育锻炼技能时，行为学理论的干预往往会促进组成这个技能项上许多小的技能部分得以强化。"❶

体育锻炼行为是指人们所从事的身体活动不仅具有提高或保持健康或身体素质的目的，而且是在一定的时间内经常重复的行为。明确而具体的目的性和一定的强度特征是体育锻炼区别于身体活动（体力活动）的最主要标志。体育活动范围较广泛，不仅包括体育运动项目，还包括下棋、打牌等活动强度较小的娱乐活动。这些体育活动除了消耗一定的能量外，还常常带给人们一定的乐趣和精神方面的享受。

体育锻炼是现代社会一种积极的生活方式，是现代休闲娱乐的重要方式。与其他任何社会文化娱乐和休闲方式相比，体育运动无疑具有最广泛的社会适应性，而且适当的身体运动不仅有利于人体的机体健康，还有益于人体的心理健康。健康的体育锻炼行为生活方式可以通过培养获得。现今，我国社会生活方式以合理、自由和丰富为原则，以文明、健康、科学为主要特征。人们生活方式的突出表现就是体育锻炼与生活质量、生命价值联系得更加紧密，体育锻炼将以其独特的功能全面介入生活领域，从而真正成为生活不可或缺的组成部分。

---

❶ 应一帆，董继. 基于行为学理论干预大学生体育锻炼行为的研究 [J]. 湖北科技学院学报，2013，33（2）：110.

2. 体育锻炼行为的模型

基于心理学理论，体育锻炼行为的模型主要有以下五种：

（1）健康信念模型。健康信念模型（以下简称 HBM 模型）最先是在健康心理学领域提出的，之后被移植到锻炼心理学的研究中。HBM 模型认为，健康行为来自心理社会因素的共同影响，它的核心部分是一套关于健康的个人信念，这些信念调节人们对威胁的感知，从而影响他们采取健康行为的可能性。

（2）合理行为理论与计划行为理论。合理行为理论认为，人是理智的，当他面临危险时会以一种最理智的方式做出反应，而意图是行为预测的最佳因子。计划行为理论是合理行为理论的延伸，在其理论体系中加入了行为控制变量。

（3）控制点理论。控制点理论认为，个体要对影响自己行为的因素进行评价，评价这些因素是处于自己控制下，还是由他人或某种偶然因素所控制。

（4）社会认知理论。根据社会认知理论，个体、行为、环境三个因素是相互作用、相互影响的，个体因素中的认知、思维和情感是非常重要的部分。

（5）跨理论模型。跨理论模型从认知、行为和时间三方面来综合考虑行为的变化过程，指出不同类型的认知在锻炼行为改变过程中不同阶段的重要性不同。根据跨理论模型，采用什么样的锻炼行为干预策略必须视个体行为所处的阶段而定。

跨理论模型包括变化阶段、变化过程、决策平衡和自我效能阶段。

变化阶段是指行为变化发生的时间维度，它根据个体过去的行为和未来的计划将锻炼行为分为以下五个不同阶段：

第一，前意向阶段，没有打算在 6 个月内进行有规律锻炼，在这一阶段，个体维持着坐式生活方式。

第二，思考阶段，在这一阶段，个体想要在未来 6 个月内进行有规律的锻炼。

第三，准备阶段，是指产生直接参加有规律锻炼的意向（在随后的 30 天内）和承诺变化行为（有时伴随小的行为变化，如在健身中心报名或买一双跑鞋）。

第四，行动阶段，是指正在进行有规律的锻炼，时间不足 6 个月，一星期有 3 次或更多，并且在每次锻炼时均达到或超过 20min，这是最不稳定的阶段，也是最复杂的阶段，很容易因为一些原因而中断锻炼。

第五，保持阶段，已经超过 10 个月进行有规律的锻炼。如果个体坚持锻炼超过 5 年，那么他就有可能形成终身锻炼的习惯。

变化过程包括认知过程和行为过程。认知过程的信息主要来自以往的经验，这个过程在变化早期比较重要；行为过程的信息主要来自外部环境和自身行动，这个过程在变化后期变得比较重要。

决策平衡是指对采取体育锻炼行为所付出的代价和所获得的收益进行评价。在从早期阶段（前意向阶段、思考阶段、准备阶段）过渡到行动阶段的行为变化过程中，决策平衡起到了非常重要的作用。因此，对于锻炼计划指导者来说，帮助个体了解和认识锻炼的价值，促使他们从思考阶段进入准备阶段是极其重要的。

在整个模型中，除了变化过程外，自我效能还与变化阶段相互作用，并引起锻炼者的行为变化。

跨理论模型在锻炼行为干预领域受到了普遍关注，被认为是一种比较理想的模式。跨理论模型包含处于不同行为变化阶段的个人；跨理论模型认为，行为的变化是动态进行的，会受到多种因素的影响；跨理论模型提出了个体行为变化状态的不同过程，为进行锻炼行为干预提供了理论指导；跨理论模型强调除了行为会发生变化之外，还有许多其他结果会随着行为变化而产生。

总之，跨理论模型可以帮助人们更好地了解自身在希望改变和拒绝诱惑时有什么样的复杂机制在起作用。除了应用于锻炼行为改变以外，这一模型还可应用于所有损害健康和促进健康的行为。

（二）大学生体育锻炼行为及培养

1. 大学生体育锻炼的行为

高校学生体育锻炼行为的结构因素主要包括锻炼主体、内容结构、需要动机、外部环境等因素。

高校学生体育锻炼行为的主体即学生自身。对于男女学生体育锻炼行为，部分研究认为男生在锻炼次数、锻炼时间、锻炼强度方面明显高于女生，这种状况可能与女生自身生理特点及传统健美观念等因素息息相关。另外，文科学生在锻炼次数、锻炼时间及锻炼强度方面均小于理科学生。从体育锻炼行为内容上看，男生在高年级较之低年级时从事大球项目进行锻炼的比例有增加的态势，小球项目的锻炼人数比例下降。女生在高年级时则呈现从事大球项目的人数比例急剧下降，从事小球项目有增加的态势。

大学生体育锻炼行为的内部需要呈现健身需要、娱乐需要、健美需要、终身体育需要等多元化特点。高校学生在进行体育锻炼时，基于健身需要的比例最高。因此高校要重视学生的内部需要，了解学生既想锻炼身体增进健康，又怕体育锻炼耽误学习的特点，加强引导，使学生形成积极的体育锻炼行为生活方式，切勿使学生偏离健康轨道，做出损害健康的体育锻炼行为。

2. 大学生体育锻炼的培养

（1）培养学生对体育锻炼的兴趣。在体育教学中，教师要善于激发学生参与体育锻炼的热情，变被动锻炼为主动锻炼。这要求体育教师在教学过程中运用合理的教学方法，及时发现学生的优点，给予表扬与鼓励。教学内容应丰富、活泼、趣味性强，使每一位学生在体育活动过程中体验到苦中有乐，在艰苦的锻炼中感受到运动的乐趣，从而使学生对体育运动保持长久的兴趣和旺盛的运动欲望。

（2）实施素质教育。教育行政部门和学校领导要充分关注学生的身心健康，采取切实有效的措施，真正贯彻好"健康第一"的指导思想，使学生参加自己喜爱的体育运动，增强体质，促进身心健康，将学生培养成为德、智、体全面发展的社会主义建设人才。

（3）充分开发和利用体育课程资源。体育课程资源的开发与利用，与学生是否能进行积极的体育锻炼密不可分，如教育引导（教师、家长、同学等）、体育设施、教学内容、周边环境（校外体育资源及自然地理资源）等均对学生参加体育锻炼产生重大影响，因此要充分开发和利用体育课程资源，为学生积极参加体育锻炼创造良好的氛围。

（4）加强体育课程教学改革。由于学生体育锻炼行为具有依赖性强、自觉参加次数少等特点，教育行政部门与学校必须采取有效措施，适当增加体育课和课外活动的次数与时间。根据学校的教学条件和周边环境，多组织符合学生身心特点的丰富多彩的体育活动（兴趣小组），安排有特长的教师或学生进行指导，举行一些符合地方特色的学生喜爱的体育竞赛活动来提高学生的体育锻炼兴趣，让学生每天有一个小时的锻炼时间，从而养成良好的体育锻炼习惯，为终身体育锻炼打下坚实的基础。

第二节 体育锻炼的基本原则

体育锻炼讲究科学性，不能盲目进行，不仅要严格遵循体育锻炼的基本原则，还要掌握正确的体育锻炼方法。"体育锻炼的原则是体育锻炼客观规律的反映，是人们长期进行体育锻炼实践的经验总结，是达到锻炼的理想效果应遵循的基本准则和原理。"[1]

一、自觉积极性原则

体育锻炼不同于人们劳动和日常生活的一般性躯体活动，更区别于动物所具有的走、跑、跳、攀登等自然的本能动作。人们所从事的体育锻炼总是有一定的目的和意识的身体活动过程，因此要发挥自觉积极的主观能动性。自觉积极性要求锻炼者首先要有明确的健身目标，懂得"生命在于运动"的道理，树立锻炼有益于学习、工作和生活的正确理念。把个人的切身需要和身体锻炼的功效与民族体质、人口质量以及国家的兴旺结合起来，这样能更好地激发自己的锻炼热情。在这个基础上，还应认真选择适宜的锻炼内容和方法，以及安排适量的运动负荷，使自己在锻炼之后心情舒畅。

总之，体育锻炼的效果、信心、兴趣是相辅相成的，三者应密切结合才能积极、自觉地进行体育锻炼。人们定期检测锻炼效果，可以使自己看到锻炼的效果和进步，这有利于增强自信心，有助于不断巩固和提高锻炼的积极性。

二、从实际出发原则

从实际出发原则是指锻炼者根据体育锻炼的目的、内容、方法以及自身的条件，选择适量的运动负荷。每个锻炼者的主客观条件都不相同，如性别、年龄、职业、体育基础、身体状况、生活条件、锻炼目的等，因此锻炼者在选择锻炼内容和方法、运动负荷时要因人而异、量力而行，特别是运动负荷要适量。

---

[1]　负卫祺. 谈体育锻炼的原则 [J]. 中国校外教育（下旬刊），2014（2）：135.

　　运动负荷适量是指体育锻炼时要有恰当的生理负荷。锻炼效果与锻炼时生理负荷的适宜与否有极为密切的关系。机体负荷太小，机体得不到适宜的刺激，身体功能的变化不明显，锻炼效果就不好。反之，机体负荷过大，不仅不能增强体质，反而会损害健康。

　　运动负荷大小由"负荷量"和"负荷强度"组成。"负荷量"可以通过练习动作的次数、组数、时间、距离、负荷重量等特征表现出来，"负荷强度"可以通过练习动作的速度、难度、练习的密度、练习间歇时间的长短、单次负重的大小、投掷的距离、跳跃的高度和长度等形式表现出来。量和强度要处理适当。强度大，量就相应减少；强度适中，量就相应加大。适量，就是以练习者承受得了并有一定疲劳感为限。

　　从实际出发，除了因人而异外，还要因时、因地制宜，以达到最佳锻炼效果。因时、因地制宜是根据外界环境的实际情况，如地理环境、气候条件、场地器材、环境卫生等，选择适合自身的锻炼内容和方法。

三、全面锻炼原则

　　全面锻炼原则是指体育锻炼应全面发展身体各个部位和各个器官的机能，提高身体素质和基本活动能力，从而达到身心全面和谐发展。人体是在大脑皮质调节下的有机统一的整体，人体各部位、各器官的机能，各种身体素质和基本活动能力之间是相互联系、相互制约的。身体素质是人体在运动过程中所表现出来的力量、速度、耐力、柔韧性和灵敏性等能力，它们是通过肌肉活动表现出来的，但同时反映内脏器官的机能、肌肉工作时的功能情况，以及运动器官与内脏器官的配合情况。

　　对于处于生长发育关键时期的青少年来说，全面发展尤为重要。各个运动项目对身体发展都有独特的锻炼作用，但同时也有一定的侧重性。锻炼者可结合自己的兴趣爱好选择1~2个作为每天必练的项目，同时加强其他项目的锻炼以弥补主项的不足。全面锻炼过程中还应注意心理素质的发展，如群体意识、个性发展等。

四、循序渐进原则

　　循序渐进原则是指体育锻炼必须根据人体身心发展规律和个人实际情况，在锻炼内容和方法、运动负荷等方面逐步增加，使机体功能不断得到改善和提高。循序渐进是人体适应环境的基本规律，人体对内外部环境变化的适应是一个缓慢的由量变到质变的过程。只有遵循这个规律，才能取得良好的锻炼效果。否则，非但不能增强体质，还会引起机体损伤和运动性疾病，损害身体健康。

第一，选择合理的锻炼内容。在锻炼内容上，根据自己的身体状况合理选择。体质较好的人，可以选择比较剧烈的运动方式，如各种竞技运动项目；体质较弱的人，开始锻炼时可选择比较缓和的运动，如慢跑、徒手操、武术、乒乓球等；慢性疾病患者，可选择保健体育的一些内容，如太极拳、健步走等。当体质逐渐变好时，锻炼内容也可以由缓和变为较为剧烈的运动。

第二，运动负荷逐步加大。机体对运动负荷的承受能力有个缓慢的适应过程，锻炼时运动负荷要由小到大，逐步增加。开始锻炼时，时间要短，运动负荷不要过大，待机体适应后再逐步加大。如果运动负荷长期停留在一个水平上，机体的反应就会越来越小。机体机能的提高是按照刺激—适应—再刺激—再适应的规律有节奏地上升，运动负荷也应随着这种节奏来安排。病后或中断锻炼后再进行锻炼，要遵守循序渐进原则，以免发生意外。

人们进行体育锻炼时运动负荷增加要依据10%原则。10%原则是指导锻炼者既运用超负荷原则，又避免因过度运动而引起机体损伤的一种监控方法。其含义为：每周的运动强度或持续运动时间的增加不得超过前一周的10%。例如，每天持续跑步60min，下一周要超负荷练习，跑步的持续时间不应超过66min。从事其他运动或增加运动强度都应遵循10%原则。

第三，每次锻炼要循序渐进。每次锻炼前要做准备活动，锻炼后要做整理活动，如长跑前先进行5~10min慢跑，长跑后不要马上停下来休息。

五、持之以恒原则

持之以恒原则是指体育锻炼必须持续系统地进行，使之成为日常生活中不可缺少的内容。

从生物学角度看，人的体质增强是一个不断积累、逐步提高的过程，不可能一劳永逸。人体机能水平的提高、各种运动素质的发展、运动技能的形成与巩固，都有赖于较长时间经常性的锻炼，这样才能使机体在解剖形态、生理机能、生化过程等方面产生一系列适应性变化。人体结构和机能的变化都是通过机体活动反复强化来实现的，体育锻炼是对机体给予刺激的过程，连续不断的刺激作用，在机体内产生痕迹的积累，这种积累使机体的结构和机能产生新的适应性，从而使体质不断增强。锻炼效应具有不稳定性，当锻炼的系统性和连续性遭到破坏时，已获得的良好锻炼效应就会逐渐消退或完全丧失，进而体质逐渐下降。贯彻持之以恒原则，应注意以下两点：

第一，安排合理的锻炼时间。锻炼间隔时间长，锻炼效果就不明显，因此每次锻炼时间间隔要安排合理。锻炼计划的安排要根据身体适应运动负荷的能力而定。

第二，养成良好的锻炼习惯。持久的锻炼不仅健身益心效果显著，而且会使锻炼者兴趣逐渐浓厚，身心愉悦，从而养成经常锻炼的习惯。

六、安全性原则

安全性原则要求锻炼者在体育锻炼过程中始终保护自己，安全第一。其主要内容包括不要盲目参加超出自己能力的活动；每次锻炼前必须做好充分的准备工作；饭后、饥饿或疲劳时应暂缓锻炼；每次锻炼后，要做整理、放松活动。

第三节　体育锻炼的方法与计划

一、体育锻炼的方法

"体育是一种有意识、有目的的社会活动，是以发展体力、增强体质为主要内容的教育。"[1] 体育锻炼方法是根据人体发展规律，运用各种身体练习，以提高人体的身体素质和基本活动能力的途径和方式。其中提高身体素质的方法主要包括重复锻炼法、连续锻炼法、间歇锻炼法、循环锻炼法、负重锻炼法、变换锻炼法等。

---

[1]　王瑞萍. 浅析体育锻炼对大学生的健康影响及促进方法 [J]. 山西青年, 2021 (17)：163.

（一） 重复锻炼法

重复锻炼法是指在体育锻炼过程中，多次重复同一练习，两次（组）练习间安排相对充分的休息，从而增加负荷的锻炼方法。

重复次数的多少不同，对身体的作用不同。重复次数越多，身体对运动反应的负荷就越大。如果重复次数不断增加，会使身体承受的负荷达到极点，乃至破坏身体的正常状态，造成伤害。

运用重复锻炼法的关键是掌握好负荷有效价值范围（最有锻炼价值负荷下的心率），并据此调节重复次数。在重复锻炼中，对负荷如何控制，怎样重复才能达到理想效果的负荷程度，应视实际情况而定。

（二） 连续锻炼法

连续锻炼法，是指在运动锻炼过程中，为了保持有价值的负荷而不间断地连续进行运动的方法。从增强体质的良好效果出发，需要间歇就停一会儿，需要连续就接二连三地进行下去。不能只讲究间歇，还要讲究连续，连续、间歇、重复都是在统一锻炼过程中实现的。连续、间歇、重复等因素各有其特有的作用，连续的作用在于持续负荷不下降，维持在一定的水平上，使身体充分地受到运动的作用。

连续锻炼时间的长短，同样要根据负荷有效价值范围而定，通常认为在140 次/min左右心率下连续锻炼 20~30min，可使机体的各个部位都长时间地获得充分的血液和氧的供应，因而能有效地发展有氧代谢能力。实践中，用于连续锻炼的主要是那些比较容易并已为锻炼者所熟悉的动作，比如跑步、游泳等。

（三） 间歇锻炼法

间歇锻炼法，是指在体育锻炼过程中，对多次锻炼时的间歇时间做出严格规定，使机体处于不完全恢复状态，反复进行锻炼的方法。

人们认为体质增强的过程是在运动中实现的，其实体质内部增强过程主要是在间歇中实现的，是在休息过程中取得了超量恢复。若是在休息中无法取得超量恢复，运动就变成对增强体质毫无意义的事情，甚至起不了作用。间歇对增强体质的作用并不亚于运动本身。自古以来就有以静练身的经验，在现代科学的基础上，人类更清楚地认识到在间歇时间内有机体的各种变化，把间歇作为健身的基本方法。

同重复锻炼法一样，间歇的时间也要依据负荷有效价值标准进行调节。一般来说，当负荷反应（心率）指标低于有效价值标准时，应缩短间歇时间，反之，则可延长间歇时间。锻炼者通过适当的间歇，把负荷调节到负荷有效价值范围，以追求良好的锻炼效果。实践中，一般心率在 130 次/min 左右时，就应再次开始锻炼。间歇时，不要做静止休息，而应边活动边休息，如慢速走步、放松手脚、伸伸腰腿或做深而慢的呼吸等。这是因为轻微活动可使肌肉对血管起到按摩作用，促进血液回流及排除代谢所产生的废物。

（四）循环锻炼法

循环锻炼法是由几个不同的练习点（或称作业站）组成的，练习者按照既定顺序和路线，依次完成每点练习任务，即一个点上练习完成后，迅速转移到下一个练习点进行练习，所有练习点练习完成，就算完成一次循环。

循环锻炼法对技术的要求不高，且各项目都采用轻度的负荷练习，因此练习起来既简单有趣，又可获得综合锻炼，从而达到全面发展的良好效果。

（五）负重锻炼法

负重锻炼法，是指使用杠铃、哑铃、沙袋等重物进行身体运动来锻炼身体、增强体力的方法。负重的方法，既用于普通人为增强体质锻炼身体，又用于各项运动员进行身体训练，还可用于解决身体疾患的康复。

常人增强体质所进行的负重锻炼，应该采用最大摄氧量和最大心排血量的负荷，因为过大的负荷会对心血管和呼吸系统产生不良的影响。为了保证这种锻炼方法对身体的良好作用，锻炼者在健身运动负荷价值范围内可以多次重复或连续。

（六）变换锻炼法

通过不断变换运动负荷、练习内容、练习形式以及条件，来提高锻炼者的积极性、适应性及应变能力的方法叫作变换锻炼法。

变换锻炼法可以有效地调节生理负荷，提高兴奋性，强化锻炼意向，克服疲劳和厌倦情绪，以提高锻炼效果。例如，锻炼者刚参加锻炼时，可多做些诱导性练习和辅助性练习；随着锻炼水平的提高，再加大练习的难度，或用越野跑代替在田径场的长跑等。锻炼条件的变化可使锻炼者的大脑皮质不断地产生新异的刺激，从而提高机体对负荷的承受能力，提高锻炼效果。另外，锻炼者不断地对锻炼内容、时间、动作、速率等提出新的要求，可有效调节生理负荷，使机体不断产生适应性变化，达到预期的锻炼目的。

（七）其他锻炼方法

1. 民族体育项目锻炼法

民族体育项目是指具有民族传统和民族特点的体育项目。

（1）武术。武术运动不受场地、器材、条件等因素的限制，运动量可大可小，内容丰富多彩，是我国优秀的文化遗产。武术的动作结构、技术要求、运动风格和套路特色各有不同，有较高的锻炼价值，适合不同年龄、性别和体质的人选用。

初学武术者，应从基本功入手，学会简单的套路，边学套路边练基本功，经过一段时间练习后再学较复杂的套路和器械，然后学对练。这样就能培养锻炼者的兴趣、爱好，并逐步提高和巩固武术的技术水平。

（2）太极拳。太极拳是一种合乎生理规律的柔和、缓慢而轻灵的拳术。它不仅在我国流传甚广，在国外也广为传播，现已成为人们增进健康的医疗体育之一。

太极拳动作圆滑协调，连绵不断，前后贯通，上下相连，虚实分明，重心稳定，意识引导动作，呼吸自然。久练之后，全身血液畅通，身心愉悦，内外兼修，形神具备，使人精神焕发。

2. 自然因素锻炼法

人们赖以生存的自然界是千变万化的。同时，自然界包含许多对人体健康十分有益的因素。人体不仅要适应外界环境的变化，还应该利用各种自然条件进行锻炼，进一步提高对外界的适应能力，增进健康和增强体质。

（1）日光、空气、水对锻炼身体的影响。日光、空气、水等自然条件，对身体健康具有重要意义。日光，对机体的作用是多方面的，其中紫外线不仅具有杀菌、抗佝偻病等作用，还能提高皮肤抵抗力和关节的活动性。红外线有温热作用，能提高新陈代谢、改善组织营养等。温度、湿度、气流对皮肤的刺激，特别是低温的刺激，通过神经的反射作用，能改善体温调节系统，促进血液循环。特别是空气中的阴离子，对人体神经系统、血液循环、呼吸及内分泌活动等都能产生良好的刺激作用。因为机体对外界环境具有巨大的适应性，变化了的环境条件作用于机体，大脑皮质立刻进行调节，使机体适应变化了的外界环境，保持机体与环境在新的条件下的平衡。新的刺激，又形成新的反射，从而进一步提高机体的适应能力。

人们在生活中经常接触日光、空气和水，由于城市中阳离子含量高而阴离子含量低，应该多组织一些野外活动。

水浴，主要是利用水的温度、机械力和化学作用来锻炼身体。水浴可以分为冷水浴、温水浴和热水浴。温水浴能起到降低神经的兴奋性、减弱肌肉张力、扩张皮层血管等作用，加速消除疲劳。而热水浴较之温水浴的效果更加明显。冷水浴对健康更为有益，特别是对增强心血管系统和呼吸系统效果显著，还可以促进消化系统功能以及改善体温调节机能。另外，冷水浴不仅能提高新陈代谢机能、洁健皮肤、增强体质，而且能提高抵抗疾病的能力以及磨炼意志，为适应低温严寒的自然环境创造了十分有利的条件。

（2）冷水浴锻炼方法。冷水浴锻炼应从夏天开始，每周至少练习 2 次，时间以早晨为好。具体锻炼方法如下：

冷水洗脸与洗脚。初练冷水浴，可以从冷水洗脸与洗脚开始，特别是洗脚，应泡在水中一至数分钟，以提高对冷刺激的适应能力。最好每天晨起用冷水洗脸，睡前用冷水洗脚，洗后擦干。

冷水擦身。冷水擦身伴随按摩动作，对初练者更为适宜。在擦身过程中，要不断地把毛巾浸泡在冷水中拧干再擦，擦身可作为淋浴、浸浴、冬泳的过渡。也可单练擦浴，每天最好在睡前进行。

淋浴与冲洗。淋浴的水温开始时不要过低，在锻炼过程中可逐步降低，最后用冷水冲洗。冲洗前先用冷水拍打胸部，再淋上肢，然后从头向全身冲淋，时间不超过1min。经过一段时间锻炼后，再逐步延长时间，每天早晚均可进行，从夏秋开始，淋浴后用干毛巾擦遍全身。

浸浴。浸浴在室内外均可进行，浸浴前先用冷水拍胸，浸水后用毛巾不断摩擦全身，特别是胸腹部要用力擦。浸泡时间视个人情况而定，以不出现寒战为度。浴后用干毛巾擦腰、肩、膝关节部位，擦到发热为止。

冬泳。冬泳在天然水域进行，是对日光、空气、水的综合利用，也是冷水浴锻炼的最好形式。下水后不能停止活动，可以进行一定强度的游泳活动，然后在水中擦摩全身。冬泳的时间应视个人锻炼的基础而定，以不出现寒战为标准。由于冬泳能量消耗大，每天活动时间不宜过长，并要适当控制运动量。出水后应迅速擦干擦热全身，并立即穿衣。

在进行冷水浴时，要注意：浴前要做好准备活动，使身体发热；浴后要做适当整理活动，尽快恢复温暖感觉；各种形式的冷水浴，都应从温暖季节开始，一经开始就要坚持，以免减弱效果，淋浴、浸浴、冬泳若因故中断，重新开始时，最好经过一个时期的擦浴后再继续进行；饭前饭后1h内，不宜进行冷水浴，否则，将影响消化；剧烈运动和劳动后，体温较高，不宜立刻进行冷水浴，在适当休息后再进行；如有发热、急性或亚急性疾病，严重的心脏病和肺结核等病症，都不宜进行冷水浴。

二、体育锻炼的计划

（一）体育锻炼计划的结构

对于每一位锻炼者来说，制订一个合理的科学的体育锻炼计划能有效提高自己的健康和体能水平。体育锻炼计划应适合个人需要，它一般包括健康与体能现状、锻炼目标、锻炼模式、措施与要求四部分，具体如下：

1. 了解健康与体能现状

在制订锻炼计划前，锻炼者有必要了解自身的健康与体能状况。这有助于制订符合自身实际状况的锻炼计划，有的放矢地选择锻炼方法和手段来增进健康和弥补体能的不足之处。

2. 确定体育锻炼的目标

确定锻炼目标是制订锻炼计划的重要环节，目标能促使锻炼方案的实施，而达成目标后又能进一步提高锻炼者的自信心，使之坚持体育锻炼。在设置个人锻炼目标时，需遵循以下四点建议：

（1）设置目标要有针对性，针对自身健康和体能的薄弱环节设置锻炼目标。

（2）设置目标必须是现实的，也就是说，通过努力能达成的锻炼目标。

（3）目标设置应包括短期目标和长期目标。短期目标的设置很关键，因为短期目标比较容易实现。

（4）根据总体锻炼目标，设置体育锻炼各个阶段的分目标，即起始阶段目标、渐进阶段目标、维持阶段目标，从而保证总体目标顺利实现。

3. 选择体育锻炼的模式

体育锻炼模式包括锻炼方式、锻炼频率、运动强度、持续时间等。

（1）锻炼方式。每一位锻炼者要选择适合自己的运动项目作为锻炼的方式。

（2）锻炼频率。锻炼频率是指每周锻炼次数，一般来讲，每周应锻炼 3~5 次。

（3）运动强度。运动强度是指锻炼时人体承受的生理负荷。运动强度应根据锻炼者自身健康和体能状况以及所进行的运动类型来确定。

（4）持续时间。锻炼持续时间是指每次锻炼用在主要锻炼内容上的总时间。锻炼持续时间不包括准备活动和整理活动时间。

锻炼过程包括三个阶段，即起始阶段、渐进阶段、保持阶段。在各个阶段应合理安排锻炼的强度、频率和持续时间。

措施和要求，主要是指保证体育锻炼计划顺利实施的措施和安全告诫。

（二）体育锻炼计划的制订

制订体育锻炼计划，目的在于使自己的学习、工作和锻炼有一个科学合理的安排，做到德、智、体全面发展，避免盲目性和片面性。同时便于检查锻炼效果、总结锻炼经验。

1. 锻炼计划的制订依据

（1）从实际出发。锻炼者制订计划时，要考虑主观因素和客观因素。例如根据年龄、性别、体质、锻炼基础、场地、器材、气候、时间等因素，制订切实可行的计划。通过反复实践，不断修改充实，使锻炼计划更科学、更完善。

（2）全面锻炼、循序渐进。锻炼者制订计划时，必须根据自己的体质条件、素质水平等，既要注意全面发展，又要注意自己的特点和弱点；既要考虑自己的爱好，又要注意锻炼的效果。在锻炼计划的内容安排上应遵循由简到繁、由易到难的原则；在运动量的安排上应遵循从小到大、逐步增加的原则，做到既科学又全面，既达到增强体质的目的，又不影响一天的学习与工作。

（3）自我监督和医务监督。在制订和实施锻炼计划时，要注意自我监督和医务监督，最好写锻炼日记，以便及时发现问题并加以调整，使锻炼计划不断完善，锻炼效果不断提高。

2. 锻炼计划的制订内容

体育锻炼计划，一般分为阶段计划、每周计划和每次计划。

（1）阶段计划。

确定阶段计划的时间：对学生来讲，最好以一个学期为一个阶段，这样便于安排和检查。

阶段计划的任务和要求：根据每个人的情况，确定每个阶段的锻炼任务，如田径项目中的短跑，球类项目中的足球等。同时明确要求，便于检查。

阶段计划的内容和办法：根据自己的爱好和特长，结合季节的气候特点，逐项安排，并提出具体的实施办法。

阶段计划的锻炼时间：根据课表安排，确定何时锻炼。

阶段计划的检查措施：制定切实可行的检查措施及成绩考核办法。

（2）每周计划。

周次锻炼的任务和要求：确定本周主要发展的某项身体素质及学习相关基本知识等。

周次锻炼时间：确定早操与课外体育锻炼的次数及每次锻炼的时间。

周次检查措施：星期六下午安排一定时间写锻炼日记。

（3）每次计划。

每次计划的内容：根据每周计划确定每次的锻炼项目，拟定练习的具体动作和方法、练习的时间和重复次数等。

科学分配和安排：锻炼者应先安排重点锻炼项目。就身体素质而言，先练习速度和灵敏项目；就运动量而言，先小后大；就技术而言，先易后难；就锻炼部位而言，上下肢搭配；若有类似项目，应当间隔练习。

实施办法：主要填写每次锻炼计划表，包括准备活动、主要内容和整理活动三个方面，并合理安排时间。随着体育锻炼的持续进行，体质会逐步增强。因此，负荷安排也应逐渐增加，不能总停留在同一运动负荷上。

3. 锻炼计划的内容和形式

体育锻炼的内容丰富，形式多样。在学校，体育锻炼内容分为体育竞技类（如篮球、排球、足球、乒乓球、羽毛球、网球等）、传统保健体育类（如武术等）和娱乐体育类（如登山、郊游等）以及各种健身操、健美、体育舞蹈等运动项目。体育锻炼的组织形式为早操、课间操、课外体育活动和运动竞赛等。

科学地选择体育锻炼的内容，是获得良好体育锻炼效果的重要环节。

（1）体育锻炼内容的选择以个人的身体特点、兴趣及需要为依据。人的个体差异很大，在选择锻炼内容时要考虑年龄、性别、身体条件、运动基础、健康状况、兴趣以及需求等方面。首先确定锻炼的目的是健身健美还是提高运动水平，是娱乐、保健还是促进身体的正常发育，然后选择符合锻炼目的并适合自己的运动项目与形式进行锻炼。

（2）体育锻炼的内容应方便实用。体育锻炼应考虑实际条件，因时、因地选择既实用又简便易行的体育锻炼内容。所谓因时制宜，就是要根据季节气候的变化，合理安排适宜的运动项目；所谓因地制宜，就是要从实际出发，充分利用现有的场地、设备、器材等。

第四章
大学生体质健康与体育锻炼

第一节　健康体适能的概念与分类

"体适能是反映机体对外界环境适应力的重要概念，是衡量机体各项素质的重要指标。"[❶] 长期以来，我国学者一直以"体质"一词来表述与体适能类似的概念，认为体质是人体形态发育、生理功能、心理功能、身体素质的状态及对环境的适应力和对疾病的抵抗力。这一概念的内涵显然不同于体适能，但是目前国内开展的国民体质检测内容却在性质上与体适能的检测项目较为类似。各国学者对体适能的具体表述虽有所不同，但是，将体适能视为人类为适应生活需要所应具备的完成各种体力活动的能力，各国学者的观点是基本一致的。世界卫生组织（WHO）对体适能的定义为：个人在应付日常工作之余，身体不会感到过度疲倦，还有余力去享受休闲及应付突发事件的能力。根据美国运动医学会的释义，体适能包括健康体适能和竞技体适能。

一、体适能的类型划分

（一）健康体适能

健康体适能施测于一般人，借此了解健康与体适能的关系，以体适能来判断健康状况。而竞技体适能除了健康体适能的优越外，更重视竞技体适能的训练，强化体适能，促进健康。

健康体适能是体适能的分支之一，由四部分组成：心肺和肌肉耐力适能、肌

---

❶　赵猛. 体适能理念与高校体育教学策略 [J]. 中国成人教育，2015（5）：145.

肉力量适能、柔韧性适能、身体成分。

心肺耐力适能，反映由心脏、血液、血管和肺组成的血液运输系统向肌肉运送氧气、能量物质同时维持机体从事体力活动的能力，由于拥有良好心肺耐力适能的人通常具有较好的运动耐力和有氧运动能力，心肺耐力适能又被称为心血管耐力或有氧适能。

肌肉耐力适能，是指人体长时间进行持续肌肉工作的能力，即对抗疲劳的能力，一般以持续用力的时间或反复次数来衡量。

肌肉力量适能，是指骨骼肌收缩时依靠肌肉紧张来克服和对抗阻力的能力，通常以对抗和克服最大阻力的重量、力矩或做功功率来表示。

柔韧性适能，是对机体单个关节或者多关节活动范围的测度，通常由骨关节结构、肌肉、韧带以及关节囊的长度和伸展性等因素决定。

身体成分，是指人体体内所含脂肪占体重的百分比。

（二）竞技体适能

竞技体适能是体适能的另一分支，其由灵敏性、协调性、平衡性、速度、爆发力、反应时等与运动竞技能力有关的体适能要素组成。这种体适能较重视运动表现，趋向于运动竞赛，务求达到提高运动技能、赢取荣誉和奖牌的目的。

归纳两种体适能论述比较及其关系的机制，如表 4-1[1] 所示。由此得出，健康体适能的重点在于规律的运动，规律运动是促进健康体适能的唯一途径。

表 4-1　健康体适能与竞技体适能的区别

参数	健康体适能	竞技体适能
目标	健康	胜利、奖励
对象	全民	运动员
属性	一般性	特殊性
要求	适度	超强度
时间	终生	短暂
效果	容易达到	不易达到

❶　张军，沈建国. 大学体育教程［M］. 杭州：浙江工商大学出版社，2020：3-28.

二、体适能评价的新观念

"如今，体育越来越被不同年龄段的人们重视，特别是家庭、社会、学校，对青少年学生的身体健康与体育训练非常重视，青少年体适能方面的理论研究也因此逐渐兴盛。"❶

体适能商是继智商、情商之后，近年来提出的体适能评价的新观念。

体适能商包括健康体适能商和竞技体适能商，是健康体适能和竞技体适能的综合反映。一个人的健康体适能商越高，代表健康的趋向越明显；竞技体适能商越高，代表基本运动能力越好。两种商之和越高，则代表健康与运动的身体技能越完善。

一般先有健康体适能，后有竞技体适能。健康体适能是来自肌肉、心肌和骨骼肌的力量，骨骼肌收缩产生关节角度变化大小的范围，以及决定肌肉收缩强度所显示出来的身体组成的肥瘦指数。健康体适能如加强训练，可得到很大的提高。相对地，竞技体适能随之增加，速度提升、反应加快、爆发力增强、稳定平衡控制容易、灵敏性更强、协调性更佳，竞技体适能商得到提高。

心肺耐力产生有氧耐力与无氧耐力，亦即有氧能量耐力与磷酸和无氧能量耐力。

肌肉力量是肌肉质量和肌肉收缩产生的加速度，即 $F=ma$。加速度为速度的时间变化率，方程式为：$a=v/t$，所以 $v=at$，速度为加速度和经过时间的乘积。速度包括肌肉收缩经过的反应时间、动作时间、动作频率。

稳定平衡能力来自肌肉三个方向分力的平衡及肌肉力量与其半径所形成的力矩平衡稳定。

爆发力为肌肉力量与其所产生速度的乘积。其方程式为：$P=F \cdot V$。

肌肉耐力是肌肉力量和作用时间的乘积，即 $F \cdot t$，即为冲量，冲量＝动能，其方程式来自肌肉力量，其方程式推导为：$F=m \cdot a=m \cdot v/t$，所以，$F \cdot t$（冲量）$=m \cdot v$（动能）。从此方程式可知肌肉耐力也等于速度耐力。

柔韧性是肌肉收缩、带动骨骼，以关节为支点所形成的角度（θ）变化范

❶　李文冰. 健康体适能训练对青少年成长的重要性［J］. 文体用品与科技，2021，6（6）：45.

围。从此定义可知 $\theta/t = \omega$ ，直线速度为关节移动的角速度和其半径的乘积，方程式为：$V = r \cdot \omega$ 。而收缩肌肉的质量与其圆半径、速度的乘积为角动能，公式为：$m \cdot r \cdot v = m \cdot r^2 \cdot \omega = I \cdot \omega$（$I$ 为转动惯性）。

灵敏性为身体或身体部位肌肉快速收缩所产生的方向、位置改变，亦即三个方向力量的快速变化或三个方向速度的快速变化。

协调性为全身重心或身体部位重心向其末端依序产生肌肉收缩所产生的调和力的动作，或继之作用在身体担负的物体或挥动其持着的物体击打他物的调和力。

韵律性与正确性，也是肌肉力量要素。韵律性是肌肉力量、速度、灵敏性等相协调以相同节奏反复进行动作的节律；正确性是肌肉力量、速度、爆发力、灵敏性、协调性的多次反复实施的最小误差。

体适能商显示个人要素测试项目的健康体适能、竞技体适能的商指标，或两种体适能要素总和的相对水平的指标，也即个人体适能与身体成分数值（平均值）的比值。

（一）要素测试项目商

$$要素测试项目商 = \frac{项目成绩}{身体成分平均数} \times 100\% \ 或 = \frac{项目成绩}{项目平均成绩} \times 100\%$$

$$(4-1)$$

健康体适能有四个项目，其中以身体成分为指标，得到每项要素项目的比值；或以项目平均成绩为指标，得到每项要素项目的比值。

（二）健康体适能商

以参加测试者所得身体成分为指标，其余三要素项目测试值之和再除以 3，得到健康体适能数值；或将四项均化成 T 分数，以四项目的平均 T 分数值为指标，除以个人四项目 T 值的平均数的商。公式为：

$$健康体适能商 = \frac{个人三项目 T 分数和 /3}{全体身体成分平均 T 分数值} \times 100\% \ 或$$

$$= \frac{个人四项目 T 分数和}{全体四项目平均 T 分数和} \times 100\% \qquad (4-2)$$

（三） 竞技体适能商

以参加测试者所得身体成分为指标，六项要素项目测试值之和再除以 6，得到竞技体适能数值；或将六项均化成 T 分数，以六项目的平均 T 分数值为指标，除以个人六项目 T 值的平均值的商。公式为：

$$竞技体适能商 = \frac{个人六项目 T 分数和 /6}{全体身体成分平均 T 分数和} \times 100\% \quad 或$$

$$= \frac{个人六项目 T 分数和}{全体六项目平均 T 分数和} \times 100\% \qquad (4-3)$$

（四） 全身 （健康+竞技） 体适能商

全身（健康+竞技）体适能商的公式为：

$$全身(健康+竞技)体适能商 = \frac{个人九项目 T 分数和 /9}{全体身体成分平均 T 分数组} \times 100\% \quad 或$$

$$= \frac{个人九项目 T 分数和}{全体九项目平均 T 分数值} \times 100\% \qquad (4-4)$$

上列商除反应时要素外，其余商数值越高，其项目或体适能越好。

第二节　心肺适能的测评与锻炼方法

心肺适能反映血液运输系统向肌肉运送氧气和能量物质，维持机体从事体力活动的能力。由于拥有良好心肺适能的人通常具有较好的运动耐力和有氧运动能力，心肺适能又被称为心血管耐力或有氧适能。

一、心肺适能的测评方法

心肺适能的测量方法较多，有直接反映心脏泵血功能的最大心排血量测量与反映机体氧气摄取和利用能力的最大吸氧量测量，也有间接推测心肺适能的台阶试验、20m 往返跑试验、各种时间和距离的跑走试验等最大运动负荷试验、亚最大运动负荷试验和非运动负荷试验。间接测试的方法简便且易被接受，因此成为当前心肺适能测评的常用手段。

二、心肺适能的锻炼方法

（一）有氧能力

第一，匀速持续跑。

训练方法：跑的距离尽可能长，运动时间为 1h 以上，心率控制在 150 次/min。

训练要求：匀速连续地跑。

第二，越野跑。

训练方法：跑的速度可以适当变化，心率控制在 150～170 次/min，运动时间为 1.5～2h。

训练要求：在空气清新的室外，相对松软、有弹性的路面上进行。

第三，变速跑。

训练方法：负荷强度由低到高，心率控制在 130～180 次/min，练习时间持续半小时以上。

训练要求：根据运动员能力控制速度和距离。

第四，间歇跑。

训练方法：训练负荷量较小，训练中每次练习持续时间不长。负荷强度较大，心率达到 170～180 次/min，在机体尚未完全恢复前进行下一次练习。

训练要求：尽可能延长整个训练的持续时间，至少半小时。练习之间采用积极性休息方式，如放松跑和慢走。

第五，法特莱克跑。

训练方法：在野外、山坡、平原等地形条件下，由练习者自己掌握距离不等的快跑、慢跑、匀速跑、加速跑等交替进行的连续练习。

训练要求：多用于调整训练课或过渡训练期。

除了跑的练习外，如游泳、骑自行车、登山等运动都是提高运动员有氧能力的有效手段，可以根据训练条件选择合适的训练手段。

（二）无氧能力

第一，固定间歇时间跑。

训练方法：采用 80%~90%的练习强度，心率达到 180~190 次/min，一次练习的持续时间和距离稍长，练习的重复次数不宜过多。

训练要求：间歇时间固定不变，可采用距离相等或不等的练习。如果距离不等，那么练习顺序需由短到长，最后一组练习也要保持规定强度。

第二，逐渐缩短间歇时间跑。

训练方法：采用 80%~90%的练习强度，心率达到 180~190 次/min，一次练习的持续时间和距离稍长，练习的重复次数不宜过多。

训练要求：间歇时间逐渐缩短，可采用距离相等或不等的练习。如果距离不等，那么练习顺序需由短到长，最后一组练习也要保持规定强度。

第三，短距离间歇跑。

训练方法：可采用 30~60m 距离，间歇时间 1min 左右。采用 95%以上的大强度练习，持续时间 10s 左右。

训练要求：保持高训练强度。较多的练习重复次数，组数根据练习者情况而定。

第四，长距离间歇跑。

训练方法：可采用 100~150m 距离，间歇时间 2min 以上。采用 95%以上的大强度练习，持续时间 10s 以上。

训练要求：保持高训练强度。较多的练习重复次数，组数根据练习者情况而定。

（三）增强式训练

增强式训练是一种让肌肉在最短时间内发出最大力量的训练方式。肌肉先是做出离心（伸展）运动，紧接着做出向心（收缩）运动。增强式训练的目的是利用肌肉和肌腱的自然弹性成分与牵张反射，提高后续动作的输出功率。增强式练习手段较多，可根据项目特点采用不同的训练手段。

1. 分腿蹲跳

训练方法：运动员开始保持箭步姿势，一脚在前（屈髋、屈膝约 90°），另一脚在身体中心线后方。起始姿势稳定后运动员爆发性起跳，必要时可以使用双手给予帮助。当离开地面时，交换双腿前后位置。必须强调最大高度和爆发力。

当落地时，保持箭步姿势，迅速反复起跳。

训练要求：箭步不宜太深，否则易造成膝关节损伤，且无法利用肌肉与肌腱的自然弹性成分与牵张反射。

2. 侧向跳跃障碍

训练方法：运动员站在障碍物侧方，保持舒适站立姿势，两脚分开与肩同宽。开始时先向下做微蹲动作。然后利用屈髋和屈膝动作，双脚跳过障碍物，膝盖并拢。落在障碍物另一侧后立即跳回到开始一侧，反复进行。

训练要求：可根据运动员水平逐渐提升障碍物高度，或由双脚跳换为单脚跳提高运动强度。

3. 跳深

训练方法：运动员站在跳台前沿，保持舒适站立姿势，两脚分开与肩同宽。跨出跳台双脚落地，落地后尽可能向上跳。

训练要求：尽量减少接触地面时间，落地后强调以最小水平位移向上跳起。可以通过提升跳台高度来提高练习强度。

4. 仰卧起坐接实心球

训练方法：运动员坐在地面，躯干与地面约成45°，同伴持球站在对面。同伴先将球掷出，利用双手接球，躯干稍微伸展缓冲，然后快速收腹并将球掷回同伴。

训练要求：将球掷回同伴的力量主要来自腹部，增加球的重量可以提高练习强度。

第三节　肌肉适能的测评与锻炼方法

健康体适能中的肌肉适能，特指机体依靠肌肉收缩克服和对抗阻力完成体力活动的能力，包括肌肉力量和肌肉耐力两个基本成分。

肌肉力量，又称最大肌肉力量或绝对肌肉力量，特指肌肉收缩产生最大收缩力的能力，通常以等长收缩状态下肌肉最大抗阻能力来表示；而肌肉耐力，特指肌肉持续收缩对抗疲劳的能力，通常以静态运动负荷持续时间、动态等张收缩次数或者动态等速运动的功率以及峰力矩下降率来表示。

一、肌肉适能的测评方法

健康体适能中的肌肉力量检测，主要包括握力、背力、臂力和腿部力量等，分别用以反映上肢、躯干和下肢肌肉力量水平。常用的测量手段包括简易的握力计、背力计以及自动化程度较高的等速肌力测定仪和各种类型的力传感器。

肌肉耐力检测，主要包括引体向上和俯卧撑、仰卧起坐、蹲起等，分别用以反映上肢、躯干和下肢的肌肉耐力水平。心肺适能测试通常是以下肢耐久性跑步为基础进行的且在一定程度上反映下肢肌肉耐力水平，因此蹲起试验在肌肉耐力测试中很少使用。

二、肌肉适能的锻炼方法

（一）徒手力量训练

1. 俯卧撑

练习目的：主要发展胸大肌、肱三头肌、三角肌力量。

开始姿势：两膝伸直，两脚并拢，两前脚掌着地支撑；两手臂伸直，两手掌着地支撑，间距略大于肩宽；躯干挺直。

练习方法：先屈肘，使身体贴近地面，然后伸肘还原成开始姿势。

练习要点：保持正确的身体姿势，躯干挺直，屈肘时动作不要过快。

2. 单手俯卧撑

练习目的：主要发展上肢手臂肌群力量。

开始姿势：两脚开立，两前脚掌和单手掌着地，形成三点支撑，膝关节和支撑手臂伸直，支撑点间距以能够保持身体稳定的姿态为宜。

练习方法：保持正确的身体姿势，支撑手臂做屈肘、伸肘运动。

练习要点：动作幅度尽量做大，但注意除三个支撑点外其他身体部位不要接触地面。

3. 仰卧撑

练习目的：主要发展背阔肌、肱三头肌、三角肌力量。

开始姿势：身体仰卧，两膝伸直，两脚并拢，脚后跟着地支撑；两手臂伸直，两手掌支撑于地面（矮台或肋木上），间距略大于肩宽；脚跟和两手三点支撑。

练习方法：保持躯干姿势连续做屈肘、伸肘动作。

练习要点：保持正确的身体姿势，躯干挺直，屈肘时动作不要过快。

4. 侧卧单手撑

练习目的：主要发展三角肌、肱三头肌力量。

开始姿势：身体侧卧，两腿并拢，贴地脚着地，膝关节伸直；上身挺直，单手支撑，肘关节伸直。

练习方法：使身体保持开始姿势，支撑手臂肘关节做屈伸运动。

练习要点：动作幅度尽量做大；髋关节挺直，练习时保持身体稳固，避免动作变形。

5. 静止倒立

练习目的：主要发展斜方肌、三角肌、肱三头肌力量。

开始姿势：身体倒立，略微抬头，两臂伸直，两手间距略大于肩宽，掌心触地支撑，离开墙体约 20cm，两脚并拢，膝关节伸直，两脚跟接触墙体，腰髋挺直。

练习方法：尽量长时间保持开始姿势。

练习要点：尽量使身体保持稳定。

6. 倒立撑起

练习目的：主要发展斜方肌、三角肌和肱三头肌力量。

开始姿势：身体倒立，略微抬头，两臂伸直，两手间距略大于肩宽，掌心触地支撑，离开墙体约 20cm，两脚并拢，膝关节伸直，两脚跟接触墙体，腰髋挺直。

练习方法：肘关节做屈伸运动。

练习要点：屈肘时动作要慢，注意屈肘幅度不要使头部着地，使身体保持稳固避免动作变形。

7. 仰卧起坐（直起、转体）

练习目的：主要发展腹直肌、腹外斜肌、髂腰肌力量。

开始姿势：两脚并拢，固定于地面，屈膝，大小腿夹角为 90°，双手抱头，上身平躺在地面上。

练习方法：收腹、屈髋直起；收腹、屈髋分别左、右转体。

练习要点：上下起伏和左右转体动作幅度要大；上身下躺时不要完全放松，控制速度。

8. 仰卧收腹摆腿

练习目的：主要发展腹肌、髂腰肌、股直肌力量。

开始姿势：仰卧，双手抱头，收腹、上身上抬离开地面；臀部着地；两脚并拢，脚尖绷直，膝关节伸直，两腿上抬离开地面。

练习方法：保持开始姿势，双腿上下交替摆动。

练习要点：练习时上身和脚不能着地；两腿摆动幅度要大、速度要快。

9. 仰卧收腹交叉摆腿

练习目的：主要发展腹肌、髂腰肌、股直肌和内收肌群力量。

开始姿势：仰卧，双手抱头，收腹、上身上抬离开地面；髋关节着地；两脚并拢，脚尖绷直，膝关节伸直，两腿上抬离开地面。

练习方法：保持开始姿势，双腿左右横向摆动。

练习要点：练习时上身和脚不能着地；两腿摆动幅度要大、速度要快。

10. 直体摆踢

练习目的：主要发展腹直肌、髂腰肌、股直肌力量。

开始姿势：身体直立，膝关节伸直，一手叉腰，另一手可扶墙或柱以保持身体平衡。

练习方法：腿快速上下摆动。

练习要点：练习时摆动腿的脚不能着地，摆动幅度要大、速度要快；上身挺直保持稳定；也可将沙袋等置于摆动腿进行负重练习。

11. 深蹲

练习目的：主要发展股四头肌力量。

开始姿势：两脚开立，与肩同宽，双手向前平举，眼睛平视，上身挺直，抬头挺胸，膝关节弯曲下蹲，大小腿夹角略大于90°，膝关节尽量不要超过前脚尖。

练习方法：尽量长时间保持开始姿势。

练习要点：使身体保持稳固状态，重心在两腿中间。

12. 箭步蹲

练习目的：主要发展后腿膝关节周围的肌肉力量。

开始姿势：双手屈臂抱头，右脚向前跨出一步，前后膝关节角度均为90°。

练习方法：保持后大腿和躯干成一直线，后腿用力垂直上下移动。可单脚或双脚踩在平衡气垫上进行练习，以加大练习难度。

练习要点：在练习过程中，保持后腿大腿与躯干成一直线；前腿膝关节不可过于前伸。

13. 单腿平蹲

练习目的：主要发展蹬伸腿的股四头肌与前举腿的股直肌和髂腰肌力量。

开始姿势：身体直立，双手前平举保持身体平衡，向正前方抬起一腿，膝关节伸直。

练习方法：上体正直，支撑腿屈膝下蹲，然后伸膝站起。

练习要点：在练习过程中，保持躯干正直，屈膝时动作要慢，支撑腿下蹲，蹲至最低点时不要停顿，前举腿要始终保持固定高度。

14. 单侧举腿蹲

练习目的：主要发展蹬伸腿股四头肌与侧举腿的阔筋膜张肌、股斜肌和髂腰肌力量。

开始姿势：身体直立，一手叉腰，另一手可扶墙或柱以保持身体平衡，向体侧方抬起一腿，膝关节伸直。

练习方法：上身挺直，支撑腿膝关节屈伸蹬起。

练习要点：使身体稳固保持正确姿势，屈膝时动作要慢，支撑腿要完全下蹲，蹲至最低点时不要停顿，侧举腿要始终保持固定高度。

15. 连续蛙跳

练习目的：主要发展下肢肌群力量。

开始姿势：两脚开立，与肩同宽，双手抱头，膝关节弯曲处于全蹲状态，身体略微前倾。

练习方法：双腿用力蹬地，向前斜上方跳起，向上腾起时伸膝、展髋；下落时收腹，屈髋双腿前摆；落地时屈膝、屈髋缓冲落地。

练习要点：动作幅度大，用力集中，连续跳保持适宜节奏，跳的路线保持直线。

16. 抱膝跳

练习目的：主要发展下肢肌群力量。

开始姿势：两脚开立，与肩同宽，双手自然下垂于体侧，上身挺直，眼睛平视。

练习方法：起跳时手臂由后向前摆臂，同时双腿用力蹬地；腾空时收髋、屈膝，上身略微前倾尽量做到大腿接触前胸；下落时伸髋、伸膝，踝关节、膝关节缓冲着地。

练习要点：起跳时摆臂蹬地动作协同配合；腾空时注意向上提髋，不能向下坐髋。

17. 交换弓步跳

练习目的：主要发展股四头肌、股二头肌、小腿三头肌力量。

开始姿势：上身挺直，双手抱头，下肢呈弓步状，前腿膝关节弯曲，大腿蹲平，膝关节不要超过脚尖；后腿前脚掌着地，膝关节可略微弯曲。

练习方法：双腿用力蹬地，向上跳起两腿同时交换，落地呈弓步状，连续练习。

练习要点：上身挺直，不要前倾，连续跳保持适宜节奏，动作幅度要大，要有弹性。

18. 左右仆步跳

练习目的：主要发展股四头肌、小腿三头肌力量。

开始姿势：上身挺直，双手抱头，下肢呈仆步状，一腿膝关节弯曲呈全蹲状，膝关节外展，另一腿膝关节伸直于体侧，两脚掌着地。

练习方法：屈膝腿用力蹬地向上跳起，两腿同时交换，落地呈仆步状，连续练习。

练习要点：上身挺直，不要向前或左右倾斜，连续跳保持适宜节奏，动作幅度要大，要有弹性。

19. 单腿跳

练习目的：主要发展股四头肌、小腿三头肌和髂腰肌力量。

开始姿势：上身挺直，单腿支撑，另一腿屈膝，小腿上抬离地，手臂置于体侧，肘关节略微弯曲。

练习方法：支撑腿用力蹬地，同时手臂从体侧由下向上摆动，身体略微前倾向前上方跳起，屈膝腿和蹬地腿依次收髋，蹬地腿前跨，落地时屈膝、屈髋缓冲落地，重复上述内容连续跳跃练习。

练习要点：蹬地，摆臂要协同发力；腾空跨步动作幅度要大，连续跳保持适宜节奏，跳的路线保持直线。

20. 上坡跑

练习目的：主要发展下肢肌群力量。

动作姿势：身体略微前倾，其他姿势与平地正常跑步无异。

练习方法：身体略微前倾，双腿用力蹬地克服因坡道角度而增加的阻力。

练习要点：蹬地动作快速有力，尽量保持较快速度，跑动路线为直线。

21. 侧移动滑步

练习目的：主要发展股四头肌、内收肌群力量。

开始姿势：两脚开立，膝关节弯曲，略收散，重心下沉，上身直立，肘关节弯曲。

练习方法：一脚用力蹬地，另一脚侧向移步，然后蹬地脚迅速侧向内收跟进，快速重复移步至终端时迅速制动，由另一脚蹬地反向移步。

练习要点：移步动作幅度要大、速度要快，髋关节重心压低，上身保持稳固。

22. 弓步转髋

练习目的：主要发展股四头肌、髂腰肌和旋髋肌群力量。

开始姿势：两脚开立，上身挺直，呈高弓步状站立。

练习方法：弓步后腿蹬地，然后提膝内扣，以前脚掌为轴，碾地内旋，然后提膝腿跨步呈异侧弓步状。

练习要点：动作幅度要大，蹬地启动要快，出步着地要稳，转腰配合要协调。

23. 高抬腿跑

练习目的：主要发展小腿三头肌、股四头肌和髂腰肌力量。

开始姿势：身体直立，两脚前后分开约 40cm 站立，小臂上抬肘关节弯曲成 90°。

练习方法：一腿用力蹬地，另一腿屈膝上抬；在提膝腿下落的同时另一腿迅速蹬地上抬；两腿交替重复上述动作。

练习要点：上身挺直，摆臂、摆腿协调用力，动作幅度要大、速度要快，行进路线为直线，保持连续的快节奏并富有弹性。

（二）器械抗阻训练

1. 正、反手腕屈伸

练习目的：主要发展前臂肌群力量。

开始姿势：蹲姿或坐姿，两手正握或反握杠铃，两上臂内收紧贴体侧肋骨，前臂放于股四头肌上，手腕及小臂前部探出膝前，屈腕或伸腕。

练习方法：用力屈腕或伸腕举起杠铃。

练习要点：保持身体稳固状态，避免晃动借力；前臂紧贴大腿，不要离开移动。

2. 胸前肘屈伸

练习目的：主要发展肱二头肌力量。

开始姿势：站姿或坐姿，两手反握杠铃，握距不超过肩宽，两上臂内收紧贴体侧肋骨，手臂下垂于体前。

练习方法：以肘关节为圆心，以小臂为半径向上用力屈肘，把杠铃举至与肩平齐。

练习要点：保持身体稳固状态，避免晃动；杠铃下放时动作要慢；屈肘时吸气，伸肘时呼气。

3. 颈后肘屈伸

练习目的：主要发展肱三头肌力量。

开始姿势：坐于凳上，上身挺直，两手正握或反握杠铃，握距不超过肩宽，两臂伸直上举，肩部前倾下垂放松。

练习方法：两臂在头后方，贴耳做屈肘、伸肘动作，屈肘时肘关节向上。

练习要点：保持身体稳固状态，肘关节不要外展；屈肘时动作要慢，手臂缓慢下放。

4. 杠铃耸肩

练习目的：主要发展斜方肌力量。

开始姿势：两脚开立，挺胸塌腰，两手正握杠铃，握距略大于肩宽，两臂自然向下垂直，肩部前倾下垂放松。

动作方法：两臂伸直不动，斜方肌收缩尽力耸起，两肩上提。

练习要点：保持身体稳固状态，不要前后摆动；手臂不要发力上提；耸肩时不能弯腰、弓背；耸肩上提时略微停顿，使斜方肌保持一定的持续收缩过程。

5. 卧推

练习目的：主要发展胸大肌、肱三头肌力量。

开始姿势：身体仰卧在长凳上，两手握杠铃置于胸上方，握距有宽握、中握、窄握。宽握主要练习胸大肌两侧翼中、上部位，使外侧宽厚；中握主要练习胸大肌外侧和下缘沟；窄握主要练习胸部中间肌肉，也可扩大胸部。

动作方法：胸大肌、肱三头肌收缩发力将杠铃向胸部上方推起至两臂伸直，略停顿后，屈肘缓慢下落还原成开始姿势。

练习要点：练习时要挺胸、沉肩，不能含胸、耸肩；屈肘下落时速度要慢，重量较大时需有人保护。

6. 站姿划船

练习目的：主要发展背阔肌、斜方肌、菱形肌等肌肉力量。

开始姿势：两脚开立、挺胸、弯腰、上身前倾，两手正握杠铃，握距与肩同宽，膝关节可略微弯曲，两臂伸直下垂于体前。

动作方法：屈肘上拉杠铃至胸或上腹部，两臂贴近体侧。

练习要点：保持身体稳定状态，上身与地面角度应保持不变，避免起伏摆动；伸肘下落时动作要慢，手臂缓慢下放。

7. 颈后推举

练习目的：主要发展三角肌后束的肌肉力量。

开始姿势：站姿或坐姿，双手正握杠铃置于颈后，握距略大于肩宽，挺胸紧腰，目视前方。

动作方法：伸肘将杠铃向颈后上方推起，手臂完全伸直后，屈肘缓慢下落，还原成开始姿势。

练习要点：上身挺直，腰腹收紧，屈肘下落时动作要慢。

8. 颈前推举

练习目的：主要发展三角肌前束的肌肉力量。

开始姿势：站姿或坐姿，双手正握杠铃置于颈前，握距略大于肩宽，挺胸紧腰，目视前方。

动作方法：伸肘将杠铃向颈前上方推起，手臂完全伸直后，屈肘缓慢下落，还原成开始姿势。

练习要点：上身挺直、腰腹收紧，全身只能让手臂做屈伸动作，屈肘下落时动作要慢。

9. 提拉

练习目的：主要发展三角肌前束的肌肉力量。

开始姿势：两脚分开与肩同宽，双手正握（窄握距）杠铃置于体前，挺胸紧腰，目视前方。

动作方法：把杠铃向上拉到锁骨部位，肘部尽可能抬高，杠铃下落时不要放松和垂肩。

练习要点：上身挺直、腰腹收紧，向上拉起时吸气，杠铃下落时呼气。

10. 弓身

练习目的：主要发展腰背肌群的肌肉力量。

开始姿势：站姿或坐姿，两手宽握杠铃于颈后肩上，挺胸、弯腰，上体与地面近乎平行。

动作方法：挺身向上抬起至上身直立。

练习要点：上身保持挺直塌腰姿势，向前弯腰时动作缓慢。

11. 负重转体

练习目的：主要发展腰背肌群、腹外斜肌力量。

开始姿势：两脚开立，上身直立、挺胸，两手正握杠铃，握距略大于肩宽，屈肘将杠铃置于颈后肩上。

动作方法：上身向左侧或右侧转体。

练习要点：上身始终保持挺直塌腰姿势，下肢不要跟随转动。

12. 颈后蹲（深蹲）

练习目的：主要发展股四头肌、臀大肌等肌群的力量。

开始姿势：两脚开立与肩同宽，两手正握杠铃置于颈后，上体挺直，腰腹收紧，目视前方。

动作方法：上身始终直立、挺胸，腰背肌群收紧，下蹲至半蹲或全蹲，然后股四头肌发力，下肢蹬伸至膝关节直立。

练习要点：腰背肌群始终保持收紧，不要放松，半蹲时须掌握膝关节弯曲角度，重量过大时需有人保护。

13. 颈前蹲

练习目的：主要发展股四头肌、臀大肌等肌群的力量。

开始姿势：两脚开立与肩同宽，上身直立、挺胸，两手正握杠铃，握距大于肩宽，屈肘将杠铃置于颈前肩膀最厚实的地方，保持上臂与地面平行；上体挺直，目视前方。

动作方法：上身始终直立、挺胸，腰背肌群收紧，下蹲至半蹲或全蹲，然后股四头肌发力，下肢蹬伸至膝关节直立。

练习要点：腰背保持收紧并直立，半蹲时须掌握膝关节弯曲角度，重量过大时需有人保护。

14. 侧弓步蹲

练习目的：主要发展内收肌、臀大肌等肌群的肌肉力量。

开始姿势：两脚开立与肩同宽，两手正握杠铃置于颈后，上体挺直，腰腹收紧，目视前方。

动作方法：向身体一侧跨一步呈侧弓步状，缓慢屈膝下降至大腿与地面平行，然后站起还原，重复进行。

练习要点：臀部尽可能后伸，保持上体挺直，目视前方。

15. 箭步蹲

练习目的：主要发展后腿膝关节、前腿股四头肌及臀大肌等肌肉力量。

开始姿势：两脚开立与肩同宽，两手正握杠铃置于颈后，上体挺直，腰腹收紧，目视前方。

动作方法：一腿向前跨一步，缓慢屈膝下降至前腿大腿约与地面平行，后腿膝关节约为90°，然后站起还原，重复进行。

练习要点：保持前腿大腿与地面水平，后腿大腿与上体成一直线，前后腿膝关节均为90°。

变化练习：前跨步呈弓步状，后腿膝关节大于90°，主要发展臀大肌和股四头肌的肌肉力量。

16. 单腿蹲（罗马尼亚蹲）

练习目的：主要发展股四头肌和臀部肌群的肌肉力量及平衡能力。

开始姿势：两脚开立与肩同宽，两手正握杠铃置于颈后，上体挺直，腰腹收紧，目视前方。

动作方法：一腿前站，膝关节微屈，同时后脚脚尖置于后方的踏板上；深吸气时，慢慢弯曲后膝至接近地面；前腿伸直恢复至起始状态，完成一定重复次数后，换腿进行。

练习要点：收紧核心肌群，保持身体挺直，头部朝向正前方。

17. 跨步弓步蹲

练习目的：主要发展臀部、腿部肌群及膝关节的肌肉力量，与跑的动作紧密结合。

开始姿势：两脚开立与肩同宽，两手正握杠铃置于颈后，上体挺直，腰腹收紧，目视前方。

动作方法：右腿向前跨一大步，同时固定好左腿，缓慢下蹲呈弓步状；回到初始位置，换左腿重复动作。

练习要点：保持上体挺直、腰腹收紧，保持前弓步腿的大腿与地面水平，膝关节约为90°。

18. 负重上台阶

练习目的：主要发展股四头肌和臀大肌等肌群的肌肉力量。

开始姿势：两脚开立与肩同宽，两手正握杠铃置于颈后，站于台阶（踏板）前，上体挺直，腰腹收紧，目视前方。

动作方法：右腿上跨步，将右脚置于台阶（踏板）上；右腿用力下蹬，带动身体至凳上合至双脚平踏凳面；接着左腿下跨步，使身体回到起始位置；然后左腿上跨步，再重复，双腿交替进行。

练习要点：上身挺直，腰腹收紧，支撑在方凳上的腿要充分伸直，最后做提铃动作时，尽量少用力蹬身。练习可变化成侧对台阶（踏板），做侧上台阶练习。

第四节 柔韧适能的测评与锻炼方法

柔韧适能，是对关节活动范围的测度，通常以所检测关节的柔韧性好坏来表示。健康适能中的柔韧适能检测指标，主要包括上肢、下肢、腰部和肩部柔韧性等。柔韧性的评价具有一定的局限性，目前尚无一种独立的测试方法可以准确评价全身柔韧性素质。

一、柔韧适能的测评方法

柔韧性的测定可通过坐位体前屈、双手背部对指试验、仰卧单举腿试验进行测定，也可采用柔韧性测量计、体型量度刻板等进行测定。经常测试部位是躯干、髋关节、下肢、肩关节等，主要用于检测和评价全身、肩关节以及髋关节和大腿后群肌肉的柔韧适能。

常用的评价方法包括：①直接测量，是指应用测角仪测量关节转动的幅度或程度。评价指标为"关节角度"。②间接测量，是指通过测量身体运动环节移动的距离来判定关节最大活动幅度，一般采用坐位体前屈改良法和斯科伯改良法。

二、柔韧适能的锻炼方法

拉伸练习的预期效果远远超出人们的想象，良好的拉伸练习可以使身体在运动前做好充分的准备，有助于运动员更好地完成动作。另外，拉伸练习能够帮助运动员发展柔韧素质，预防损伤及酸痛，加速机体恢复。拉伸训练在改善动作执行幅度，提高技能和增长爆发力方面颇有价值。拉伸练习应被视为一种独立的运动训练，而不是象征性地把它作为热身或者整理活动。为了取得最佳的训练效果，拉伸训练应从儿童或少年开始且贯穿一生，合理的拉伸训练能减轻甚至延缓随着年龄增长带来的运动幅度下降。

提高柔韧性最常用的方法是静态拉伸，静态拉伸是用缓慢的动作进行牵拉，并且保持 15~30s，在肌肉放松的同时进行拉伸。因为牵拉的速度很慢，不会产生牵拉反射。要注意静态拉伸的时间一般不要低于 15s，不超过 30s。练习时间保持在 30~60s 时，不会增加柔韧性。初学者在练习时很难保持 30s，这时可以持续 15~20s，在柔韧性有所提高后，再逐渐增加持续时间。拉伸的部位一般分为颈部、躯干（肩部、胸部、背部）、上肢和下肢，可根据训练情况和运动员的自我感觉来重点拉伸相关部位。

（一）静态拉伸

1. 头颈侧转

拉伸肌群：拉伸胸锁乳突肌。

拉伸方法：直立或坐姿，头颈挺直；中等用力向心收缩，使头转向右侧；中等用力向心收缩，使头转向右侧。

拉伸要求：躯干保持挺直，不随颈部移动。

2. 颈部屈伸

拉伸肌群：拉伸胸锁乳突肌、枕骨下肌、颈夹肌。

拉伸方法：直立或坐姿，头颈正直，曲颈收下颌向胸；如果下颌触及胸，尽量让下颌向下；伸颈，头尽量向背靠拢。

拉伸要求：躯干保持挺直，不随颈部移动。

3. 背后直臂上拉

拉伸肌群：拉伸三角肌前束、胸大肌。

拉伸方法：直立，双臂置于背后；双手手指交叉合掌；充分伸直肘关节；缓慢向上抬臂，保持肘关节伸直。

拉伸要求：保持头部挺直，颈部放松。

4. 坐姿后仰

拉伸肌群：拉伸三角肌前束、胸大肌等肩关节肌群。

拉伸方法：双腿伸直坐立，双臂伸展，手掌于臀后 30cm 撑地；手指指向后方；双手向后滑动，上体向后倾。

拉伸要求：双手向后慢速滑动，同时躯干保持挺直。

5. 直臂扩胸

拉伸肌群：拉伸胸大肌、三角肌前束、肱二头肌、背阔肌、下斜方肌。

拉伸方法：跪姿俯卧，手臂放在瑞士球上，拇指方向朝前（前臂旋后）肘关节伸直，前臂为发力点。

拉伸要求：颈椎伸直使锁骨保持中立位，最好有人协助使前额向后。

6. 坐姿屈肘背后侧拉

拉伸肌群：拉伸左胸大肌、三角肌前束和中束；拉伸左前锯肌、肩胛提肌、胸小肌、冈上肌、喙肱肌。右侧拉伸肌群与左侧相同。

拉伸方法：坐于垫上，左臂屈肘成 90°放在背后，右手握住左肘，向右向上牵拉。右侧拉伸肌群与左侧相同。

拉伸要求：当柔韧性不足以握住左肘时，可握住左腕向侧牵拉，同时向上牵拉，胸部保持直立。当以站姿练习时，站立时双手在身后，必须保持身体平衡。

7. 直臂水平侧拉

拉伸肌群：拉伸三角肌后束和中束、背阔肌、肱三头肌、斜方肌中束、菱形肌、大圆肌、小圆肌、冈上肌、前锯肌。

拉伸方法：右臂伸直，水平内收，躯干向右侧旋转。

拉伸要求：假如左臂再用力外展，能更好地牵拉前锯肌，但对菱形肌牵拉就会减少。

8. 直臂压肩

拉伸肌群：拉伸三角肌后束、斜方肌中束、肱三头肌、大圆肌、菱形肌、冈下肌、背阔肌、小圆肌、冈上肌、前锯肌。

拉伸方法：跪姿，双臂前伸，直臂放在瑞士球上，拇指向上，前臂旋后。

拉伸要求：胸部伸直，不能弯曲，躯干朝两侧方向旋转可以增加牵拉强度。

9. 背后外拉肩胛骨内侧缘

拉伸肌群：主要拉伸菱形肌、三角肌后束；其次是冈上肌、前锯肌。

拉伸方法：右侧卧，右手放在背后，拇指向上，前臂旋后，躯干向右侧旋转。

拉伸要求：胸部前屈可以增加牵拉强度。

10. 坐姿屈膝挺胸拉肩

拉伸肌群：拉伸三角肌前束、胸大肌、肱二头肌、前锯肌、大圆肌、小圆肌、胸小肌。

拉伸方法：背靠瑞士球坐于垫上，双肩直臂后伸双手扶于瑞士球上，屈膝挺髋，双手按压瑞士球。

拉伸要求：保持上体挺直。

11. 跪姿屈肘压肩

拉伸肌群：拉伸肱三头肌、背阔肌、大小圆肌、三角肌后束。

拉伸方法：面对瑞士球跪立，上臂外展成180°，右臂屈肘，左手抓住右手腕，将右肘放在瑞士球上，躯干向下压肩。

拉伸要求：臀部坐于脚上，躯干尽可能向下压肩。

12. 跪姿牵拉前臂肌群

拉伸肌群：拉伸前臂各肌肉群。

拉伸方法：跪在柔软的垫子上，肘关节伸直，随着手指指向前后侧以及手腕背伸或背屈，可以有 6 种牵拉姿势。

拉伸要求：根据不同姿势，躯干朝反前向牵拉可以增加牵拉强度。

13. 胸前横臂

拉伸肌群：拉伸背阔肌、大圆肌等上背部肌群。

拉伸方法：直立或坐姿，左肘微屈，横于胸前，肩水平内收；右手置于左上臂后面，抓住肘关节上部；右臂向右拉左臂。

拉伸要求：保持躯干挺直，不随动作发生旋转。

14. 坐姿转体

拉伸肌群：拉伸颈内斜肌、腹外斜肌、腹内斜肌、颈外斜肌、梨状肌、竖脊肌等下腰背肌和侧腹肌。

拉伸方法：双腿伸直，上体垂直坐立，将右脚放于左膝的左侧；将左肘的后部置于右膝右侧，此时右膝呈屈曲状；右掌撑地，置于臀后 30～40cm 处；左肘发力推动右膝向左，同时尽力向右转肩转头，尽量向背后看。

拉伸要求：躯干要随着颈部一起旋转至最大幅度。

15. 坐姿屈体

拉伸肌群：拉伸下腰背肌。

拉伸方法：腿部放松坐立，屈膝 30°～50°；膝部朝外，膝侧可不触地；身体自腰部向前靠，双手直臂前伸。

拉伸要求：膝要屈，腿要松，以便减少大腿后部的张力，增加对腰部的拉伸。

16. 直臂体侧屈

拉伸肌群：拉伸腹外斜肌、背阔肌、前锯肌等和上背肌肌群。

拉伸方法：两脚平行分开 40cm 站立；手指相扣外翻，掌心向外；伸直手臂向上。

拉伸要求：保持手臂伸直，身体（腰部）向左侧屈，膝关节要伸直。

17. 屈臂体侧屈

拉伸肌群：拉伸腹外斜肌、背阔肌、前锯肌、肱三头肌等肌群。

拉伸方法：两脚平行分开 40cm 站立；右肘屈，举过头顶；右手向下触左肩；左手抓住右肘，在头后拉右肘。

拉伸要求：保持屈臂，向左屈体（腰部），不要屈膝。

18. 仰卧屈膝转髋

拉伸肌群：首先拉伸棘间肌、回旋肌、多裂肌、阔筋膜张肌、髂胫束；其次拉伸腹直肌。

拉伸方法：仰卧，右腿屈膝在左腿上方交叉，两臂自然伸直，右肩着地，躯干和右腿反方向旋转。当采用被动拉伸时，同伴保持跪姿，一手按住运动员的右肩部于地面，另一手缓慢前推髋部。

拉伸要求：右腿伸直可以增加牵拉强度；被拉伸侧的肩部不可离开地面；采用被动拉伸时，使用 PNF 技术效果更好。

19. 俯卧背伸

拉伸肌群：首先拉伸腹直肌、腹内外斜肌；其次拉伸腰方肌、腰大肌、器肌、回旋肌、半棘肌。

拉伸方法：俯卧在垫子上，两手掌朝下，手指指向髋部前方，并且支撑躯干背身。缓慢下腰、收臀，继续将腰、头和胸抬离地面。或仰卧在瑞士球上，两脚撑地，上臂自然伸展，将背部压在瑞士球上。

拉伸要求：对于腹肌薄弱的人，腰椎背伸是危险动作，对患有椎间盘突出或滑椎等禁忌症的人，应采用最小幅度牵拉。

20. 侧卧球体顶髋

拉伸肌群：首先拉伸腹内外斜肌、回旋肌；其次拉伸腰方肌、回旋肌、胸棘肌、股后肌群。

拉伸方法：侧卧于瑞士球上，双脚固定撑地，双手抱头，身体侧弯。

拉伸要求：双脚必须固定好，可以在髋骨下垫上软垫子，保持腰椎直立，以免减弱牵拉强度。

（二）动态拉伸

1. 手臂环绕

拉伸肌群：拉伸三角肌、背阔肌、胸大肌。

拉伸方法：双臂置于体侧，经侧上方、头部，从体前回到原来位置；环绕时肘关节始终伸直，只能让肩部运动。

拉伸要求：环绕时，肩关节的运动幅度要保持在舒适的范围内。

2. 抱膝走

拉伸肌群：拉伸臀大肌、腘绳肌。

拉伸方法：呈站立姿势，左脚向前迈步，右腿屈膝抬起，并用双手抱住右膝贴近胸部，双手握住膝关节前方，双手用尽力量使膝关节靠近胸部；停顿片刻，右脚着地，换左腿继续练习。

拉伸要求：使上身保持直立，不得前倾。每次抬膝的幅度都要有所增大。

3. 提踝走

拉伸肌群：拉伸臀大肌、梨状肌。

拉伸方法：直立，向前行进，左腿支撑时左手提右踝向上用力，同时右手向下按压大腿；稍停，而后右脚迈步着地，交替重心腿，换左腿重复以上动作。

拉伸要求：保持上身直立，不得前倾。每次提踝的幅度都要有所增大。

4. 弓步走

拉伸肌群：拉伸臀大肌、腘绳肌、梨状肌、股直肌、髂腰肌。

拉伸方法：双手交叉，置于背后；左脚向前迈一大步，左脚脚尖朝前；保持重心恰好在左右脚之间，使上体保持正直；通过伸展左髋使身体重心下移推地；左腿伸直，向前抬起右脚；停顿片刻，站起后，右脚向前迈出一大步，两脚交替弓步走。

拉伸要求：整个过程中身体保持平稳状态，上身不得前倾，后腿膝关节不得触地，双眼平视前方。

5. 跨栏走

拉伸肌群：拉伸臀大肌、髋部外展肌群。

拉伸方法：设想有两列跨栏架在自己的左右两侧正前方，顺序是右侧有一个，不远处左侧有一个，按照这种顺序摆成两列，跨栏架高约90cm；从站立位置开始，屈右髋右膝，推至大腿与地面平行；让右膝在前，膝关节位于栏架正上方；保持这一姿势片刻后，右脚着地，换左脚继续练习。

拉伸要求：靠大腿外展跨栏，让膝关节领先。

6. 反弓步走

拉伸肌群：拉伸臀大肌、股后肌群、股直肌、髂腰肌。

拉伸方法：双手紧握放于脑后；从站立位开始，右脚向后迈一大步；屈左膝，直到左膝位于左脚上方；轻轻弯曲右膝，使之刚好离开地面，双脚脚尖都应朝前；保持上身挺直。当跨步到达最低点时，稍做停顿，然后左腿重复同样的动作，每跨出一步后都要回到原来的位置。

拉伸要求：整个动作过程中身体控制平稳，上身不得前倾，前腿的膝盖弯曲程度不能超过前面的脚趾，后腿膝关节不得触地，双眼平视前方。

7. 侧弓步走

拉伸肌群：拉伸臀大肌、腘绳肌、股直肌、髂腰肌、髋部内收肌。

拉伸方法：双手交叉放于头后；右脚向右迈出一大步；左腿伸直，屈右腿至膝关节位于右脚正上方，臀部重心随之右移；保持上体挺直，停顿片刻，站起后，换方向重复练习。

拉伸要求：整个动作过程中身体控制平稳，上体不得前倾，前腿膝关节不得超越前脚脚趾；后腿膝关节不得触地，双眼平视前方。

8. 弓步压肘

拉伸肌群：拉伸臀大肌、腘绳肌。

拉伸方法：直立，双脚与肩同宽；左脚向前迈出一大步，脚平放于地面，脚尖指向正前方；慢慢屈左髋左膝，保持左膝位于左脚正上方；微屈右膝，降低至离地3~5cm，脚尖向前；上身前倾，左臂向前并用左肘触及左脚脚背内侧，右手可以放于地面保持平衡；回到直立位，以左髋左膝用力伸展推地；左腿伸直，抬起右脚，不要颤动；直立，稍停，而后右脚迈步着地，重复以上动作。

拉伸要求：在稳定的身体控制下逐渐增大动作幅度。

9. 虫爬

拉伸肌群：拉伸竖脊肌、臀大肌、腘绳肌、腓肠肌、比目鱼肌、胫骨前肌。

拉伸方法：直立，双脚与肩同宽；慢慢屈膝、屈髋，身体向前下方移动，双手同肩宽平放于地面，臀部上提，身体呈倒"V"字；交替移动双手向前（像用手走小步一样），直到身体呈俯卧撑姿势；双腿向双手的位置小步挪动。

拉伸要求：整个动作过程中躯干和髋部不得旋转。

第五章
球类健身运动教学训练

第一节　篮球运动的教学训练

"全民的身体素质对国家的健康发展起重要作用，一个人的健康成长，离不开科学的运动。其中，篮球这项运动在我国发展的速度越来越快，普及率极高。篮球运动具有增强体质、愉悦身心、促进人格发展的功能，并且具有教育、娱乐和促进经济发展等功能。"❶

一、篮球运动技术的教学训练

篮球技术是队员在比赛中以攻守为目的所运用的各种专门动作的总称，是队员进行比赛的主要手段，基础阶段基本技术掌握得好坏，直接影响队员高难度动作的掌握和篮球水平的提高，在开始阶段练好基本技术，对在今后比赛中获胜有重要意义。

（一）移动

1. 移动的类型及要领

（1）起动。从基本站立姿势开始，向前起动时以后脚或异侧脚（向侧起动）前脚掌短促有力地蹬地，同时上体迅速前倾或侧转，朝跑动方向移动重心，手臂协调摆动，充分利用蹬地的反作用力，迅速朝跑动方向迈出。

起动的动作要领：移重心，起动后的前两三步前脚掌蹬地要短促有力。

---

❶　鹿耀辉. 浅析篮球运动的功能［J］. 灌篮，2021（36）：1.

（2）变向跑。变向跑是队员在跑动中利用方向的变化完成攻守任务的一种方法，从右向左变向时，最后一步用右脚前脚掌内侧用力蹬地，同时脚尖稍加内扣，迅速屈膝降重心，腰部随之左转，上体向左前倾，移动重心，左脚向左前方跨出，蹬地脚及时跟上。

变向跑的动作要领：变方向的瞬间屈膝降重心、移重心，异侧脚前脚掌内侧迅速蹬地，同侧脚迅速跨出，蹬地脚及时跟上。

（3）侧身跑。侧身跑是队员在向前跑动中，为观察场上情况，侧转上体进行攻守动作的一种方法。队员在向前跑动时，头部与上体侧转向球的方向，脚尖正对跑动的前进方向，内侧腿深屈，外侧脚用力蹬地。

侧身跑的动作要领：面向球转体，切入方向的内侧腿深屈，外侧脚用力蹬地，重心内倾。

（4）急停。急停分为跨步急停和跳步急停。

第一，跨步急停。急停时向前跨出一大步，腿微弯曲，脚跟先着地，同时上体稍后仰，重心后移，上第二步时重心下降，用脚掌内侧蹬地，停后重心移至两脚上。

跨步急停的动作要领：第一步要大，第二步要跟得快，脚前掌内侧用力蹬地。

第二，跳步急停。移动中用单脚或双脚起跳，上体稍后仰，落地时全脚掌着地，两腿弯曲，两臂屈肘微张，以保持身体平衡。

跳步急停的动作要领：重心放在两脚之间，两腿弯曲，两臂屈肘在体侧，保持平衡。

（5）滑步。滑步是防守移动的一种主要方法，可分为侧滑步、前滑步和后滑步。以侧滑步为例，滑步前，两脚左右开立约与肩同宽，膝微屈，上体稍前倾，两臂侧伸，目平视。向左滑步时，右脚前脚掌内侧用力蹬地，左脚同时向左跨出，在落地的瞬间，右脚迅速随同滑行，然后重复上述动作，滑步时身体要保持平稳。

滑步的动作要领：重心平稳，移动时做到异侧脚先蹬，同侧脚同时跨出，异侧脚再跟上。

2. 移动的培养方法

（1）在明确各种移动技术动作要领的基础上做模仿练习，重点体会重心变换和脚用力的部位。

（2）在练习过程中，根据熟练程度，逐渐加快移动速度，直至满足实战需要。

（3）做各种移动技术的组合练习，以提高动作的连接能力。

（4）结合对抗做移动技术练习，以增加对抗性。

（5）在实战中体会移动技术要点，以提高动作的实效性。

（二）传球

传球，是篮球比赛中进攻队员之间有目的的转移球的方法，它是场上队员之间相互联系和组织进攻的纽带，是实现战术配合的具体手段。

1. 传球的类型及要领

（1）双手胸前传球。两手手指自然分开，拇指相对成八字形，用指根以上的部位持球，手心空出，屈肘持球于胸前。传球时，后脚蹬地重心前移，同时前臂迅速朝传球方向伸出。拇指用力下压，手腕前屈，中指、食指用力拨球将球传出。

双手胸前传球的动作要领：蹬地，展体，伸臂，扣腕，手腕急促地由下而上、由内向外翻，同时拇指下压，中指、食指用力拨球。

（2）单手肩上传球。以右手传球为例，双手持球于胸前，两脚平行开立。传球时，左脚朝传球方向迈出半步，同时将球引至右肩上方，肘外展，右手托球，左肩侧对传球方向，重心落在右脚上，右脚蹬地，身体朝传球方向转动，以大臂带动小臂，肘关节领先，前臂迅速向前挥摆，手腕前屈，通过食指和中指拨球将球传出。球出手后，重心前移，右脚向前迈出半步，保持基本站立姿势。

单手肩上传球的动作要领：转体挥臂，扣腕，自下而上发力。

2. 传球的培养方法

（1）明确传球的动作要领，做原地徒手的模仿练习。

（2）对墙设定目标，做原地传球练习，体会手臂、手腕、手指的动作及传球路线和掌握落点。

（3）原地将球传给跑动中的队员，体会移动中传球的提前量和落点。

（4）在消极防守的情况下练习传球的落点。

（5）在实战中体会合理地运用不同的传球技术，控制球的速度、路线。

（三）投篮

投篮，是篮球运动的关键技术，是比赛中唯一的得分手段，投篮得分的多少决定比赛的胜负。

1. 投篮的类型及要领

（1）双手胸前投篮。两脚前后站立，与肩同宽。双手持球于胸前，肘关节自然下垂。上体稍前倾，两膝微屈，身体重心放在两脚之间，目视目标。投篮时，两脚蹬地，腰腹伸展，两臂上伸，拇指向前压送，两手腕同时外翻，指端拨球，用拇指、食指、中指投出，腿、腰、臂自然伸直。

双手胸前投篮的动作要领：动作的关键在于掌握好屈膝蹬地，腰腹伸展，手臂上伸和球出手时手腕、手指用力要连贯协调。

（2）单手肩上投篮。以右手投篮为例，右手五指自然分开，向后屈腕，屈肘持球于肩上，左手扶球，右脚稍前，左脚稍后，重心放在两脚之间，上体稍前倾，两腿微屈，目视目标。投篮时，用力蹬地，伸展腰腹，抬肘，手臂上伸，手腕、手指前屈，指端拨球，用中指、食指将球投出，手臂向前上方自然伸直。

单手肩上投篮的动作要领：投篮时要自下而上发力，抬肘，手臂上伸，屈腕拨球，将球投出。

（3）行进间单手低手投篮。右手投篮时，一般右脚腾空接球落地。接球时第一步稍大，第二步稍小，用左脚向前上方起跳。腾空时，持球手五指自然分开，托球的下部，手臂向上伸展。接近球篮时，手腕柔和上摆，食指、中指、无名指向上拨球，擦板或空心投篮。

行进间单手低手投篮的动作要领：第一步大，第二步稍小且继续加速，腾空高，投篮瞬间要控制好身体的平衡。

（4）运球急停跳起投篮。在快速运球中，运用跳步或跨步急停，突然向上起跳，同时持球上举。当身体接近最高点时，前臂向前上方伸直，手腕前屈，食指、中指用力拨球，通过指端将球投出。

运球急停跳起投篮的动作要领：运球急停跳投的关键在于快速运球中急停的步伐要稳，连接起跳技术要协调，身体腾空和投篮出手要协调一致。

2. 投篮的培养方法

（1）明确投篮动作要领后，徒手做原地投篮的模仿练习。

（2）持球原地对墙或人做投篮练习。

（3）面对球篮做投篮练习，根据投篮技术掌握程度，变换投篮距离和角度。

（4）在消极防守下进行投篮练习。

（5）在实战中体会投篮动作，掌握投篮出手的力量、角度和时机。

（四）运球

运球，是控制球、组织战术配合及突破防守的重要手段。

1. 运球的类型及要领

（1）高运球。运球时，两腿微屈，目平视，运球手用力向前下方推压球，球的落点在身体的侧前方，使球反弹起的高度在腰腹之间，手脚配合协调，使球有节奏地向前运行。

高运球的动作要领：运球手虎口向前，注意球的落点。

（2）低运球。两脚前后开立，两腿弯曲，重心下降，上体前倾，用远离防守队员的手用力向下短促地推压球，使球从地面向上反弹起的高度在膝部以下。

低运球的动作要领：大小臂的发力要协调，手腕的用力要柔和，控制好球的反弹高度。

（3）运球急停急起。在快速运球中，突然急停时，手拍按球的前上方。运球急起时，要迅速起动，拍按球的后上方，要注意用身体和腿保护球。

运球急停急起的动作要领：运球急停急起时，要停得稳，起得快。

（4）转身运球。以右手运球为例，变向时，右脚在前为轴，做后转身的同时，右手将球拉至身体的左侧前方，然后换手运球加速前进。

转身运球的动作要领：转身运球时要降低重心，拉球动作和转身动作要连贯一致。

（5）背后运球。以右手运球为例，向左侧变向时，右脚在前，右手将球拉到右侧身后，迅速转腕拍按球的右后方；将球从身后拍按至身体的左侧前方，然后左手接着运球，左脚向前加速前进。

背后运球的动作要领：右手将球拉至右侧身后时，要以肩关节为轴，并迅速转腕拍按球的后上方。

2. 运球的培养方法

（1）做原地的各种运球练习，体会手臂、手腕、手指及上下肢配合的协调性。

（2）做左、右手的直线运球，体会行进间运球的部位。

（3）运球熟练后，做多种运球的组合练习。

（4）结合防守做各种运球练习。

（5）在实战中体会各种运球的合理运用。

二、篮球运动战术的教学训练

（一）持球突破

持球突破，是持球队员运用脚步动作和运球技术快速超越对手的一项攻击性技术。

1. 持球突破的主要类型

（1）交叉步突破。以右脚做中枢脚为例，两脚左右开立，两膝微屈，降低身体重心，持球于胸腹之间。突破时，左脚前脚掌内侧用力蹬地，上体稍右转，左肩向前下压，重心移向右前方，左脚向右侧前方跨出，将球引于右侧，右手运球，中枢脚蹬地向前跨出，迅速超越对手。

（2）顺步突破。准备姿势和突破前的动作要求与交叉步相同。突破时，右脚向右前方跨出一步，向右转体探肩，重心前移，右手将球运在右脚的外侧，左脚迅速蹬地，向右前方跨出，突破防守。

2. 持球突破的培养方法

（1）原地徒手做持球突破练习，体会脚步动作的要领。

（2）原地持球做突破练习。

（3）结合球篮做持球突破接行进间投篮练习。

（4）消极防守做持球突破接行进间投篮练习。

（5）在实战中结合比赛情况，合理运用突破技术。

（二）防守对手

防守对手，是防守队员合理地运用各种步法和手臂动作积极地抢占有利位置，阻挠和破坏对手的进攻意图和行动，并以争夺控制球权为目的。

1. 防守对手的类型及要领

（1）防守无球队员。防守时，位置要保持在对手与球篮之间，偏向有球的一侧。防守队员要根据球和人的移动合理地运用上步、撤步、滑步、交叉步、并步和快跑等步法，并配合身体动作抢占有利防守位置，堵截其摆脱移动路线。当与对手发生对抗时，重心下降，双腿用力，两臂屈肘外展，扩大站位面积，上体保持适宜紧张度，在发生身体接触瞬间提前发力合理对抗。

防守无球队员的动作要领：要抢占"人球兼顾"的有利位置，防守时，要做到内紧外松，近球紧、远球松，松紧结合。防止对手摆脱空切，随时准备协防补防。

（2）防守有球队员。应站位于对手与球篮之间。平步防守时，两脚平行站立，两手臂侧伸，不停地挥摆，适合防运球和突破。斜步防守时，两脚前后站立，前脚同侧手臂向前上方伸出，另一手臂侧伸，适合防守投篮。

防守有球队员的动作要领：要及时抢占对手与球篮之间有利的防守位置，并根据进攻队员的技术特点，采用平步防守或斜步防守步法。

2. 防守对手的培养方法

（1）在对手静止站立状态下，选择正确的位置和距离。

（2）在对手移动时选择正确的位置和距离。

（3）结合移动技术练习，进行消极对抗下的防守练习。

（4）结合实战，根据场上情况，合理运用技术动作。

（三）抢球、打球、断球

抢球、打球、断球，是防守中具有攻击性的技术，是积极的防御思想在防守过程中的体现，是积极防守战术的基础。

1. 抢、打、断球的类型及要领

（1）抢球。抢球动作分为两种：①转抢，防守队员抓住球的同时，迅速利用手臂后拉和两手转动的力量，将球从对方手中抢过来。②拉抢，防守队员看准对手的持球空隙部位，迅速用两手抓住球后突然猛拉，将球抢过来。

抢球的动作要领：判断准确，下手及时。

（2）打球。打持球队员手中的球时，要根据持球的部位采用不同的动作。队员持球高时，打球时掌心向上，用手指和手掌打球的下部；队员持球低时，打球时掌心向下，用手指和手掌打球的上部。

打球的动作要领：打球时动作要小而快，切忌过大过猛。

（3）断球。断球分两种：横断球和纵断球。横断球时，降低身体重心，当球由传球队员传出时，单脚（或双脚）用力蹬地，突然跃出（两臂前伸将球断掉）；纵断球时，当防守队员从接球队员的右侧向前断球时，右脚先向右侧前方跨出半步，然后侧身跨左脚绕过对方，左脚（或双脚）用力蹬地向前跃出，两臂前伸将球断掉。

断球的动作要领：掌握断球时机，动作快速突然。

2. 抢、打、断球的培养方法

（1）徒手体会抢、打、断球时的手部动作。

（2）练习抢、打、断球时的脚部动作。

（3）抢、打持球队员手中的球。

（4）结合实战，合理运用抢、打、断球技术。

（四）抢篮板球

比赛中双方队员在空中争抢投篮未中从篮板或篮圈反弹出的球，统称为抢篮板球。抢篮板球技术又分为抢进攻篮板球和抢防守篮板球，抢篮板球技术由抢占位置、起跳动作、抢球动作等组成。

1. 抢篮板球的类型及要领

（1）抢占位置。无论是进攻队员还是防守队员，在抢篮板球时，应根据对手和投篮队员所处的位置，判断球的反弹方向，运用快速的脚步移动，抢占在对手与球篮之间靠内线的位置，力争将对手挡在自己身后。

抢占位置的动作要领：判断准确，移动及时，抢位得当。

（2）起跳动作。两腿屈膝，重心降低，上体稍前倾，两臂稍屈，举于体侧。起跳时，两脚用力蹬地，两臂上摆，手臂向上伸展，腹、腰协调用力。防守队员多采用转身跨步起跳，进攻队员则多采用助跑单脚起跳或跨步双脚起跳。

起跳的动作要领：起跳迅速，时机掌握好。

（3）抢球动作。双手抢篮板球时，两臂用力伸向球反弹的方向。身体和手达到最高点时，双手将球握紧，腰腹用力，迅速屈臂将球下拉置于身前。单手抢篮板球时，身体在空中要充分伸展，达到最高点时，手臂要伸直，指端触球，用力屈腕、屈指、屈臂拉球于胸前，另一手护球。当遇到对方身材比较高，不能直接得到球时，可用手指点拨的方法，将球点拨给同伴或点拨到自己便于接球的位置。

抢球的动作要领：抢到球时，要迅速持球到有利位置，并加以保护或采用下一个进攻动作。

2. 抢篮板球的培养方法

（1）徒手模仿起跳和抢球练习。

（2）自己向上抛球，练习单、双脚起跳抢球动作。

（3）两人一球，站篮圈两侧，轮换跳起在空中用单手或双手将球托过篮圈，碰板后传给同伴。

（4）三人一组，一人投篮，另两人练习抢进攻篮板球或防守篮板球。

（5）结合实战，练习抢篮板球。

三、篮球运动比赛的教学训练

篮球比赛中，分为主裁判和副裁判。但是在判罚时，主裁判无权改判副裁判的判罚。主裁判有权决定规则中没有明确规定的事项，以及计时员和记录员意见不同的事项等；副裁判员协助主裁判员组织好比赛，并与主裁判共同履行规则。

（一）篮球运动的比赛场地

篮球比赛场地应是一个长方形的坚实平面，无障碍物。篮球场地包括土质、水泥、沥青和木质等，有条件的一般都用木质场地。土质、水泥和沥青场地比较经济，基层单位使用较多，但要注意地面平整，以防出现事故。

长边的界线称边线，短边的界线称端线。球场上各线必须十分清晰，线宽均为0.05m。

从边线的中点画一平行端线的横线称中线，中线应向两侧边线外各延长0.15m。

以中线的中点为圆心，以1.80m为半径（半径从圆周的外沿量起），画一个圆圈称中圈。

三分投篮区是由场上两条拱形限制出的地面区域。在此区域外投篮得3分。

从罚球线两端画两条线至距离端线中点各3m的地方（均从外沿量起）所构成的地面区域叫限制区。它的作用是：球在本队控制时，限制本队队员在对方限制区内停留的时间不得超过3s。

罚球区是限制区加上以罚球线中点为圆心，以1.80m为半径向限制区外所画的半圆区域，它是执行罚球的区域。

（二）篮球运动的比赛时间

篮球比赛由4节组成，每节10min（CBA及NBA的比赛时间为每节12min），若进行决胜期，则每一决胜期的比赛时间为5min。在第1节和第2节（上半时）、第3节和第4节（下半时）之间以及每一决胜期之前应有2min的比赛休息时间，上、下半时之间的休息时间为15min。为进行下半时的比赛，球队应交换球篮。在所有决胜期中，球队应朝向第4节中相同的球篮继续比赛。第4节及每一决胜期的最后2min投球中篮后，应停止比赛计时钟。

（三）篮球运动的比赛规则

1. 暂停与替换规则

在上半时的任何时间内每队可准予 2 次要登记的暂停；在下半时的任何时间内每队可准予 3 次要登记的暂停；在决胜期的任何时间内每队可准予 1 次要登记的暂停。每次暂停时间为 1min。

球成死球，比赛计时钟停止时，均可替换。在第 4 节或决胜期的最后 2min 内，投篮得分时，非得分队可以请求替换。

2. 犯规规则

犯规是对规则的违犯，含有与对方队员的非法身体接触和/或违反体育道德的举止。罚则是判给对方掷球入界（若出现跳球情况则按交替拥有箭头执行掷球入界）和/或执行罚球等。队员 5 次犯规（CBA 和 NBA 为 6 次）后将被罚出场。当一节中某队发生 4 次（CBA 和 NBA 为 5 次）全队犯规时，该队处于全队处罚状态。

（1）侵人犯规。非法用手、非法掩护、阻挡、推人、撞人、拉人、过分挥肘、背后非法防守等。

（2）双方犯规。

（3）违反体育道德犯规。

（4）取消比赛资格犯规。

（5）技术犯规。

（6）打架。

3. 违例罚则

违例是违反规则，罚则是将球判给对方队员在最靠近发生违例的地点掷球入界。

（1）时间方面：①3s。两个条件：球在前场、计时钟走动。三种情况默许：队员试图离开限制区；队员在限制区接球时不足 3s 并开始运球试图投篮；队员在限制区停留超过 3s 但外线队员正在做投篮动作时。②5s。被严密防守时；掷界外球时；罚球时。③8s。队员获得控制球时从后场推进到前场不得超过 8s。注意中线是后场的一部分，球触及前场的地面或队员、裁判员即认为球进入前场。④24s。一次完整的进攻时间。在 24s 内投篮球出手且触及篮圈或进入球篮，其他情况则为违例。强调一下，若 24s 回表则 8s 重新计算。

（2）球的方面：①两次运球。②带球走。③携带球。④球回后场。⑤脚踢球（拳击球）。⑥干扰球。⑦球出界和队员出界。⑧跳球违例。⑨故意将球投入本方球篮。⑩掷界外球时持球移动超过 1m（在裁判员指定的掷球地点）或者不止朝一个方向（左右）移动，掷球时直接将球投入球篮、球在手中时进入球场内、球离手后球触及界外、球触及另一队员前，在场上触及球。

第二节　足球运动的教学训练

足球运动，是以脚支配球为主体，在踢、运、停、顶、守门等基本技术的基础上两队互相进攻、对抗，是以射门为目标，以射入球多少判定胜负的球类运动。足球运动的激烈对抗性有利于培养大学生的顽强拼搏精神、团队精神和意志品质，全面改善和发展学生的身体素质。"足球运动是世界上开展范围最广，参与人数最多，被称为'世界第一运动'的体育项目。"❶

一、足球运动技术的教学训练

足球运动技术，分为控球、踢球、运球、接球、头顶球、抢截球、掷界外球等技术。

（一）控球

控球是持球队员以脚的各个部位，通过拖、拨、扣、颠、推、挑等动作，将球置于自身控制范围内的技术。

1. 控球方法

（1）拖球。拖球是脚底触球的上部，将球由前向后或由左（右）向右（左）

---

❶　李成倩. 浅谈足球运动的体能训练 [J]. 当代体育科技，2020，10（34）：51.

进行拖拉的动作。拖球到位后，一般均以脚内侧做挡球动作，然后进入下一动作。

（2）拨球。拨球是持球队员用脚腕抖拨的动作，以脚背内侧或脚背外侧触球，使球向侧方或侧后（前）方滚动。拨球根据脚触球部位的不同分"内拨"和"外拨"两种，运用脚背内侧拨球称为"内拨"，以脚背外侧拨球称为"外拨"。拨球技术通常是与对手相持时，在对方伸脚抢截球的一刹那，以拨球技术避开抢截从对方一侧越过。

（3）扣球。扣球是持球队员快速转身变向，用踝关节急转压扣的动作，以脚背内侧或脚背外侧触球，将球迅速停住或转变球滚动的方向。用脚背内侧扣球的动作称为"内扣"，用脚背外侧扣球的动作称为"外扣"。扣球动作改变方向后，用推拨动作突然加速越过对手。

（4）颠球。颠球是持球队员用身体各有效部位连续击球，并尽量不使球落地的技术动作。经常练习，能有效地促进人体对球的各种特性（弹性、重量、旋转等）的熟练程度，同时加深练习者对触球部位、击球力量的感觉，颠球的部位包括脚背、脚内侧、脚外侧、大腿、头部、胸部、肩等。

2. 控球要领

足球控球主要采用重复练习法。

控球技术的实际练习：学生可以采用一人一球、两人一球的练习形式，在规定的时间内，将拖、拨、扣、颠球等控球技术重复练习一定的次数和组数。

（二）踢球

踢球，是有目的地把球传给同伴或射门，它是完成战术配合的主要手段，同时也是足球基本技术中的主要技术。

1. 踢球方法

踢球的方法有很多种，包括脚内侧踢球、脚背正面踢球、脚背内侧踢球等，无论采用何种踢球方法，其动作过程都是由助跑、支撑、摆腿、击球和跟随动作五部分组成。

（1）脚内侧踢球。①直线助跑，最后一步步幅稍大，支撑脚踏在球侧 12～

15cm处，膝关节微屈，脚尖正对出球方向。②踢球脚屈膝外展，脚底与地面平行，脚尖微上翘。③小腿加速前摆，用脚内侧部位击球的中后部，用推送或敲击的踢法将球击出。

（2）脚背正面踢球。①直线助跑，最后一步步幅稍大，支撑脚积极着地，踏于球侧10~12cm处，膝关节微屈，脚尖正对出球方向。②踢球腿以髋关节为轴，大腿带动小腿由后向前摆动击球一刹那，脚面绷紧，脚背绷直。③小腿加速前摆，以脚背正面部位击球的后中部。④击球后，身体及踢球腿随球前移。

（3）脚背内侧踢球。①斜线助跑，与出球方向约成45°角，最后一步略大，支撑脚外沿积极着地，踏于球的侧后方20~25cm处，膝关节微屈，脚尖上对出球方向。②身体稍向支撑方一侧倾斜，踢球腿以髋关节为轴，大腿带动小腿向前摆，大腿摆至与支撑腿接近同一平面时，小腿加速做鞭打动作。③踢球腿击球时，脚尖稍外转指向地面，脚趾紧扣，脚背绷直，脚跟提起。④以大腿带动小腿加速前摆，根据传球的目的，击球的后中部或中下部，传出的球会出现高、中、低不同的效果，击球后继续随球前移。

2. 踢球要领

踢球时应注意：①传球不准确，应调整支撑脚的站位。②传球力量不够，应加快小腿摆动速度。③传球落点不准确，应注意整体动作的协调性和脚形的准确性。

踢球技术的实际练习：①两人一组，一人用脚底踩住球，另一人采用一步或三步助跑做各种踢球动作的模仿练习。②对墙踢球练习。③两人一组，保持一定的距离，互相踢球练习。④踢准练习。

（三）运球

运球技术，是指持球队员在跑动过程中有目的地用脚的某一部位推拨球，使球保持在自己控制范围内的连续触球动作。

1. 运球方法

运球技术包括运球和运球突破，常用的运球方法有脚背正面运球、脚背内侧运球、脚背外侧运球等。

（1）脚背正面运球。①持球队员运球跑动时身体自然放松，上体稍前倾，步幅稍小，两臂屈肘自然摆动。②当运球脚提起时，膝关节微屈，脚跟提起，脚背绷紧，脚尖向下。③在迈步前伸着地前，用脚背正面推拨球前进。

（2）脚背内侧运球。①持球队员身体自然放松，上体前倾并朝运球方向转动，步幅小，双臂自然摆动。②运球时膝关节稍弯曲，脚跟提起。③脚尖稍向外转，在迈步前冲着地前，用脚背内侧推拨球。

（3）脚背外侧运球。①持球队员身体自然放松，上体稍前倾，双臂自然摆动，步幅稍小。②运球时膝关节弯曲，提脚跟。③脚尖内扣，用脚背外侧推拨球的后中部。

2. 运球要领

运球时应注意：①运球和运球突破技术一般采用重复练习方法，可运用无对抗练习、消极对抗练习、积极对抗练习及小组比赛练习等形式，练习要求可根据练习者的水平进行调整。②运球时步幅要小，身体重心应紧跟球的移动。③运球时要随时注意抬头观察情况。

运球技术的实际练习：①走与慢跑中，先单脚后双脚，先直线后曲线。②在人丛中或 5m 内间距的绕杆运球。③运球过人练习或变换运球速度练习。④控好球并结合假动作练习。⑤离场队员观看其他运球队员练习。

（四）接球

接球，是队员有意识、有目的地利用身体的合理部位，把运行中的来球停挡在自身控制范围内的技术。

1. 接球方法

一般常用的接球方法有脚内侧接球、脚底接球、胸部接球、大腿接球等，不管采用何种接球方法，都包括判断球速、落点、接球及接球后控球四个过程；接球形式包括接地滚球、接空中球和接反弹球三种。

（1）脚内侧接球。脚内侧接球包括接地滚球、接反弹球和接空中球三种技术。

第一，接地滚球的动作要领。①支撑脚正对来球，膝关节微屈。②接球脚屈膝外转，脚尖稍翘起主动前迎来球。③球接触脚内侧一刹那，接球脚后撤缓冲，把球控制在便于衔接下一个动作处。

第二，接反弹球的动作要领。①支撑脚踏在球的落点侧前方，屈膝，上体稍前倾。②接球脚放松提起，用脚内侧对准球的反弹角度。③在球反弹刚离地时，用脚内侧部位推压球的中上部。

第三，接空中球的动作要领。①根据来球的高度，接球脚举起前迎，对准来球路线。②在球与脚内侧接触瞬间，后撤缓冲。③把球控制在有利于衔接下一个动作的位置。

（2）脚底接球。脚底接球，主要包括接地滚球和接反弹球两种技术。

第一，接地滚球的动作要领。①支撑脚踏于球的侧后方，屈膝，脚尖正对来球。②接球脚提起，自然屈膝，脚尖上翘高于脚跟，踝关节放松。③用脚掌前部触球的中上部。

第二，接反弹球的动作要领。①支撑脚踏在球落点的侧后方，对准来球反弹角。②在球着地瞬间，用脚掌前部对准球的反弹路线，推压球的中上部。

（3）胸部接球。胸部接球，是利用胸部接球的一种技术动作，其特点是面积大，有弹性，争取接球时间，易于掌握。胸部接球包括挺胸式和收胸式两种技术。

第一，挺胸式接球的动作要领。①面对来球，双臂自然张开，两脚分开微屈膝，重心落于两脚之间。②在胸部与球接触前瞬间，两脚蹬地，胸部稍上挺，收腹，上体后仰缓冲来球力量。③以胸部触击球后，使球落于自己能控制的范围内。

第二，收胸式接球的动作要领。①面对来球，两脚开立，双臂自然张开，挺胸迎球。②在球与胸部接触前瞬间，收胸、收腹，同时臂部后移，使来球力量缓冲。③以胸部接球后，使球落于自己能控制的范围内。

（4）大腿接球。①大腿与球接触的刹那，迅速撤引缓冲。②以大腿中部接触下落的球，使球落于有助于衔接下一个动作的位置。

2. 接球要领

接球时应注意：①接球练习形式繁多，一般采用重复练习方法。②练习时，要从实战与战术配合出发。③2~4人为一练习组较为合适。④教师应根据学生的基础，安排切实可行的练习内容与方法。

接球技术的实际练习：①利用足球墙进行各种接球技术练习。②将球踢高，完成各种接反弹球的练习（用手抛高球亦可）。③两人一组，相隔一定的距离，练习踢、接球动作。④多人三角传、接球练习。

（五）头顶球

头顶球，是指队员有意识、有目的地用前额正面或侧面将球击向预定目标的动作。

1. 头顶球方法

足球比赛中，头顶球是传球、射门和抢截的有效手段之一，常用的有原地、起跳等方式顶球。头顶球作为争取时间、争夺空间的有效手段，在比赛中被广泛使用。

（1）原地前额正面头顶球。①身体正对来球，双眼注视来球，两脚前后开立，微屈膝，上体后仰展腹，重心落于后脚，双臂自然张开。②球运行至身体垂直上方时，后脚用力蹬地，收腹，快速向前屈体，重心由后脚移向前脚。③击球时，颈部肌肉紧张，用前额正面顶球的后中部，上体随球前摆。

（2）起跳前额正面头顶球。①原地起跳时，双脚用力蹬地，两臂屈上摆自然张开，身体在上升中，上体后仰展腹成反弓形，双眼注视来球。②球运行至身体垂直上方时，收腹，上体快速前摆，颈部紧张。③用前额正面把球顶出，随后屈膝缓冲落地。

2. 头顶球要领

头顶球时应注意：①练习应运用自抛自顶的重复练习法，也可以借助墙，同伴抛来或传来的球，并要求有目标、有意识地提高头顶球技术和顶球的准确性。②顶球时不能闭眼、缩颈，要主动迎球，颈部保持紧张。③准确判断起跳时间和来球速度与落点。

头顶球技术的实际练习：①各种头顶球技术的模仿练习。②两人一组，一人抛球，另一人做头顶球练习，交替进行。③自抛自顶或两人对顶。

（六）抢截球

抢截球，是转守为攻的积极手段，是防守技术的综合体现。抢截球包括抢球和截球两部分内容：①抢球是指在足球规则允许的条件和动作下，把对手控制的或将要控制的球抢夺过来或破坏。②截球是指将对手相互间传出的球，堵截或破坏。

1. 抢截球方法

（1）正面跨步抢截球。①两脚前后开立，膝微屈，身体重心下降并落于两脚间。②在对手脚触球后，脚即将落地或刚落地瞬间，抢球者后脚用力蹬地，抢球脚以脚内侧堵截球，当球被堵时，另一脚快速跟上。③如双方同时触球，则抢球脚顺势向上提拉，使球从对手脚背滚过，身体重心迅速跟上，控制球。

（2）侧面合理冲撞抢球。①当防守队员与对手并肩跑动追球时，身体重心下降。②用靠近对手方一侧的手臂，以肩部以下肘以上的部分贴紧自己身体去冲撞对手相同部位。③使对手因失去平衡而丧失对球的控制，趁机把球夺下。

2. 抢截球要领

抢截球时应注意：①最好在对抗的条件下，同时结合简易的攻防战术，效果较能体现，在练习过程中，若能结合游戏则有利于提高练习兴趣。②抢截球时机要准确、合理。③抢球时动作要迅速果断。

抢截球技术的实际练习：①无球情况下做抢截球各种技术的模仿练习。②两人一球，一人运球，另一人完成抢截球练习，交替进行。③两人相对站立，中间放一球，听信号后做抢球练习。

（七）掷界外球

掷界外球，是指在比赛中越出边线的球，按足球竞赛规则规定用手将球掷入场内，恢复比赛的一项技术。

1. 掷界外球方法

掷界外球有原地掷界外球和助跑掷界外球两种方法。

（1）原地掷界外球。①面向比赛场地，双手持球于头后。②从头后经头顶用连贯的动作把球掷入场内。③球掷出后，双脚均不得全部离地和踏进场内。

（2）助跑掷界外球。①助跑时双手持球于胸前，助跑距离不宜太长。②掷球的动作与原地掷界外球相同。

2. 掷界外球要领

掷界外球时应注意：①单人对墙进行掷球练习，也可采用两人掷界外球练习或一人掷球，另一人做接球练习，两人轮流练习的形式。②足球规则规定：掷界外球时脚不能离地、进场或远离规定的掷球点。

掷界外球技术的实际练习：①两人一球互掷，距离可由近至远。②如需增加掷球远度，可用实心球代替。

二、足球运动战术的教学训练

（一）足球的比赛阵形

比赛阵形是比赛场上队员的位置排列、攻守力量搭配和职责分工的形式。阵形人数排列一般是从后卫排向前锋，根据队员排列层次分为后卫线、前卫线、前锋线；守门员职责固定，一般不予计算。常见的比赛阵形有"4-3-3""4-4-2""3-5-2""4-5-1"等。

第一，"4-3-3"阵形。"4-3-3"阵形是把三个前锋放在前锋线上，中场也设立了3名球员，不但加强了防守能力，还使进攻方式变得更加灵活。一般来说，此阵形中的后卫可分为两个中后卫、两个边后卫，使得防守更有层次，更有立体性。前卫可分为一前二后或二前一后，不管哪种安排，中场都必须起到攻守的枢纽作用；边前卫主要负责加强进攻，中前卫主要负责组织进攻和参与防守。前锋也可分为中锋和边锋两种：边锋主要通过运球突破对方防守、射门或传中，同时要负起门前强点射门的责任；中锋是锋线的尖刀，主要作用是突破、抢点和射门。

第二，"4-4-2"阵形。"4-4-2"阵形和"4-3-3"阵形最大的区别就是把一个前锋队员放到了中场，加强了防守的能力。后防的位置和任务基本和"4-3-3"一样。中场有4名队员，有利于防守，同时也有利于夺取中场的优势和主动权。前锋的要求是突破能力强，善于把握破门的机会。整个队员的分布虽然是攻少守多，但是可以通过合理有序的组织，保证比赛中攻守力量的平衡。

第三，"3-5-2"阵形。"3-5-2"阵形最明显的特点是中场人数多，力量强大，有利于控制中场主动权，有效地阻止对方的进攻，减轻后场的防守压力；后卫线的 3 名队员大胆地紧逼盯人，相互保护补位；中场队员插上进攻的点多，而且隐蔽性较强。

第四，"4-5-1"阵形。"4-5-1"阵形是一个相对侧重于防守的阵形。后卫线的 4 名队员主要力量用于防守，并协助控制中场和组织进攻；中场人数多，力量大，能够很好地控制中场的主动权，减轻后场的防守压力；前锋线上只有 1 名队员，进攻的力量相对薄弱，不过从防守反击战术来说，也有它的优势。

（二）进攻战术的训练

1. 个人进攻

个人进攻战术，是队员在比赛中，为了战胜对手，完成整体进攻任务而采取的个人行动，它包括摆脱、跑位、传球、射门等。

（1）摆脱与跑位。每当队员得球，都要发动进攻，同队队员要迅速摆脱对手，造成空当，给有球同伴创造多条传球路线，以更好地进攻。摆脱对手紧逼，可采用突然启动、冲刺跑、急停、突然变向、变速和假动作等。跑位就是有目的地跑向有利位置或空当；跑位能使自己在短时间内摆脱对手接球，推进进攻。

（2）传球。传球是配合的基础，是完成战术配合创造射门机会的主要手段。选择目标、把握时机、控制力量与方向是传好球的重要环节。

（3）射门。射门是一切战术配合的最终目的，准确、有力的射门，往往使守门员猝不及防而失球。

2. 局部进攻

局部进攻战术，是指进攻中两队或几个队员之间的配合方法，它是集体配合的基础，其配合形式有"二过一"配合、传切配合、三人配合等。局部进攻战术通常以"二过一"配合为基础，"二过一"配合是在局部地区两个进攻队员通过两次以上的连续传球配合，越过一个防守队员的配合行动。"二过一"配合包括"斜传直插二过一""直传斜插二过一""回传反切二过一""踢墙式二过一"

"交叉掩护二过一"等。

3. 整体进攻

（1）阵地进攻中的边路传中。边路传中是指在对方半场两侧地区发动的进攻，通过传中来创造射门机会，此方法是针对对方边路防守人数较少、空间较大的缺点，突破防线，然后传中，由中路或异侧的同伴包抄完成射门。

（2）阵地进攻中的中路渗透。中路渗透一般有后场发动进攻、中路发动进攻、前场发动进攻三种形式。

（3）阵地进攻中的中路转移。中路转移是针对在比赛中，中路聚集着双方较多的队员，中路渗透不能奏效的情况，将球从中路转移到边路以分散防守力量，然后从边路突破或者传中的一种进攻战术。

（4）快攻。快速进攻是一种非常有效的进攻战术，主要特点是由守转攻时对方的防守还不是很到位，通过最简单的快速传递配合来创造射门机会。快攻的主要战术有：①守门员获得对方射门的球时，能快速地踢球或手抛球发动进攻。②在中前场抢截到对手的球时马上快速发动进攻。③在中后场获得任意球时，快速发球也能创造快攻机会。

（三）防守战术的训练

1. 防守组合要素

同进攻组合要素相同，防守组合要素也根据防守队员的数量配置，包括封堵与抢截队员、紧逼盯人队员、保护与补位队员等。防守队员防守位置不同，防守角色不同，防守的战术方法手段也不同。封堵、抢截队员主要对攻方控球队员实施防守，紧逼盯人主要是对插上队员和有可能接球队员实施防守，保护与补位是为防守同伴提供支援帮助和对攻方突破或插上控球队员实施防守。

（1）施压。攻方队员往往通过各种手段想摆脱防守队员的盯防，也常常利用控球的优势来调动防守队员，以期制造出可用于射门的时间与空间。因此，防守时，防守一方要不断地采取逼、抢、夹击等手段向攻方队员施加压力，使攻方队员的活动受到限制，处于一种紧张忙乱的被动状态。施压要把握好时机与场区。施压的场区选择一是在对方罚球区附近和中后场时，二是当控球队员处于边角地区没有或传球角度较小时，除对控制球的攻方队员采取紧逼盯人防守外，对于有球附近的攻方接应队员同时采取紧逼盯人防守。

（2）回撤。由攻转守时，当有其他队员封堵控球队员时，其他无球防守队员要尽可能地快速回撤、分离、隔断攻方队员间的联系，在回撤过程中注视攻方进攻的局势变化和方向，不断调整回撤的位置和速度，不断压缩防守队员间的防守空间，加强防守队员间的联系，在有步骤的回撤过程中形成纵深防守体系。

（3）回位。防守队员应当对自己的防守任务有明确的意识，根据自己的防守任务和防守对象的活动，迅速回到自己的防守位置，以形成全队的防守纵深梯队，建立牢固的防守体系。如果不能迅速回位，就有可能造成防守体系的不严密，可能被攻方队员利用此弱点而将整个防守线击破。在对回位的跑动路线选择上，要选择有可能对攻方传射路线有一定干扰的路线或角度，特别要选择能干扰控球队员向自己防守对象传球的角度和路线。

（4）追盯。攻方无球插上的队员往往是最有威胁的队员。因此，当有攻方队员插上时，一定要迅速追上去，特别是在中路罚球区域附近时更要小心。在攻方队员摆脱后，被摆脱的守方队员要紧紧地追赶攻方插上队员，形成对插上攻方队员前堵后追的夹击局面，争取将进攻势头遏制住。

2. 基础防守战术

（1）选位和盯人。选位和盯人是防守战术中的基础，防守队员站位时一般应处于对手与本方球门中心所构成的一条直线上。一般情况下，对对方有球队员以及可能接球的队员要紧逼；对离球远的对手可采用松动盯人方式。

（2）局部防守配合。保护和补位是局部地区集体防守的基础，队员之间应保持适当的斜线站位。当一侧被突破时，另一个应立即补位，被补位队员迅速回到补位队员的位置。

3. 全队防守战术

（1）人盯人防守。除拖后中卫外，每个队员都要盯住一个指定对手，原则上对手跑到哪里就盯到哪里，拖后中卫进行区域防守，执行补位的任务。

（2）区域盯人防守。每个队员在自己防守的区域内进行盯人防守，无论哪个对手进入自己的防区都要盯住他，一般不越区盯人，拖后中卫执行补位的任务。

（3）混合防守。混合防守是现代足球用得较多的一种防守方法，就是把人盯人防守和区域盯人防守相结合。一般拖后中卫执行补位，另外三个后卫盯人，前卫和前锋区域盯人。"全攻全守"的踢法在防守时，每个队员都有防守任务。混合防守战术的关键：①场上队员要做到延缓对方进攻。②快速回防到位，保持防守层次。③紧逼盯人，严密守住球门前 30m 区域。

目前的足球比赛中，全队防守战术一般有三种：①在进攻丢球后立即就地抢截。②在进攻中丢球后，前锋队员在前场封抢，其他队员立即退回本方半场防区进行防守抢截。③在进攻失误丢球后，全队退至禁区前组织密集防守，阻击对方的进攻。

三、足球运动比赛的教学训练

（一）足球运动的比赛场地

足球场地长 100~110m、宽 64~75m，由边线、端线、球门线、中线、球门区、罚球区、脚球区、罚球点、中点、中圈、罚球弧等区界构成。场地各界线的宽度不得超过 12cm。球门宽 7.32m、高 2.44m，角旗高 1.50m。

球门线，是判断进球的标志线，罚点球时，守门员在球踢出前，必须两脚站在球门线上，不得移动。

中线，是指平分球场的横线，开球时，双方球员站在本方半场内，当球踢出越过中线进入对方半场时，比赛方为开始。

球门区，是指靠近球门的小长方形区域，当守门员在该区域内手中无球或在空中持球时，对方队员不得对他进行冲撞；发球门球时，守门员将球放在球出界一侧的球门区内。

罚球区，是指球门前的大长方形区域，在该区内，守方的守门员可用手触球；罚点球时，除守门员和罚球队员外，其他队员须退出罚球区和罚球弧外；踢球门球或守方罚任意球时，球必须踢出该区，比赛方为开始，在此之前，对方队员必须退出该区，并距球至少 9.15m 远。

（二）足球运动的比赛方法

第一，比赛时间。全场比赛时间为 90min，分为上、下半时，各 45min，中间休息时间不得超过 15min。因故损失的时间，应在该半时补足，具体时间由裁判员决定。在淘汰赛中，两队比赛成平局时，则通过加时赛或互踢点球方式决出胜负。

第二，队员人数。比赛时，每队上场队员 11 人，其中一人为守门员。国际正式比赛每队最多可替换 3 名队员；任何其他队员都可与守门员互换位置，但须事先通知裁判员，待死球时进行；被替换下场的队员不得重新上场比赛。

第三，比赛开始。比赛开始前应用掷币方式选定场地，裁判员发出信号后由开球队一名队员将球踢入对方半场；下半场双方交换场地进行，并由上半场开球队的对方一名队员开球。

（三）足球运动的比赛规则

1. 越位

当进攻队员较球更接近对方球门线时，即处于越位位置。

（1）越位判罚。在同队队员传球的一刹那，越位队员正在干扰比赛或干扰对方或正企图从越位位置获得利益，则判罚越位，应由对方队员在越位地点罚间接任意球。

（2）越位而不判罚。当队员仅处于越位位置或队员直接接球门球、角球、界外球时不应判罚为越位。

2. 犯规与不正当行为

（1）直接任意球。队员故意违反任何一项规定，应由对方队员在犯规地点踢直接任意球：①踢或企图踢对方队员。②绊、摔对方队员。③跳向对方队员。④冲撞对方守门员。⑤打或企图打对方队员。⑥推对方队员。⑦铲球时，触球前触到对方队员。⑧拉扯对方队员或向对方队员吐唾沫。⑨故意手球或用手臂部携带、击打或推击球（除守门员在本方罚球区内）。防守队员在本方罚球区内违反上述情况中的任何一种时，应判罚点球。

（2）间接任意球。队员故意违反任何一项规定，应由对方在犯规地点踢间接任意球：①队员有危险动作。②不合理冲撞、阻挡。③守门员接回传球。④有意延误比赛时间。

（3）黄牌警告。比赛开始后，队员擅自进出场地；队员持续违反规则；用言语或行动对裁判员的判罚表示不满，延误比赛时间，未经裁判允许，擅自离开比赛场地，以及有不正当行为的，裁判员应给予黄牌警告，并判由对方在犯规地点踢任意球。

（4）红牌罚出场。有恶劣行为或严重犯规；暴力行为；用污言秽语辱骂对方队员；经黄牌警告后，出现第二次可警告的犯规，以上情况应红牌罚出场，并由对方在犯规地点踢任意球。

（5）掷界外球。掷球时，队员必须面向球场，两脚均应有一部分站在边线上或边线外，不得全部离地，用双手将球从头后经头顶掷入场内，所掷界外球不能直接掷入球门。

（6）角球。当球被防守队员踢出本方端线时，由对方踢角球。踢角球时，不得移动旗杆，必须将球放在角球区内执行，踢角球可以直接射门得分。

（四）足球运动的比赛风格

1. 全队配合的打法特征

全队配合是一个极为复杂和高度灵活的动态变化过程。在组织全队配合时，要充分考虑各方面因素，如天气情况、全体队员的竞技能力情况、比赛对手情况、比赛场地、比赛性质情况等方面的区别。精心组织安排队员，布置战术打法，特别要注意比赛中战术打法的及时调整。

按照基本属性，全队打法可粗略地分为高压力与低压力两种风格。

（1）高压力全队打法特征。

高压力全队打法的第一个特征是比赛中始终不给对手以自由活动的时间与空间，使对方队员时时刻刻处于紧张状态。

高压力全队打法的第二个特征是紧盯对手，无论是无球队员还是控球队员统统都被本方队员纳入紧逼防守对象之列。

高压力全队打法的第三个特征是队员比赛中身体对抗激烈。由于在比赛中采用了紧逼盯人防守战术，因此进攻队员到哪里，防守队员就要跟到哪里，这样防守队员与进攻队员之间为争夺控球权会经常性地发生身体对抗，要为掩护球与争夺球进行合理冲撞。

（2）低压力全队打法特征。

与高压力全队打法相反，低压力全队打法的第一个特征是给对手以自由活动的时间与空间，让对手在一定限度的时间、空间内自由地控制球和传递，并不急于将球从对手脚下抢过来。

低压力全队打法的第二个特征是比赛中队员回避身体接触。控球队员总是在对手上来逼抢之前就将球传出，避免或减少与对方发生直接的身体对抗，以快速多变的传球来调动对方，使对方队员处于不停顿的奔忙中。

低压力全队打法的第三个特征是很少冒险性地控球，即控球队员控球有可能失球的情况下，当控球队员运球过人或摆脱有可能丢球时，控球队员往往不是采取冒险地运球过人或运球摆脱，而是将球传至更安全的同伴脚下。当控球队员没有好的传球机会时，不轻易将球传至有可能失去控球权的同伴脚下或传向同伴与对手有可能同时接触到球的空当中。

2. 集体性与个体性风格

（1）集体性风格。集体性的全队打法在比赛中注重进攻效率，在没有良好的突破机会时会耐心地寻找战机，不盲目地将球传到对方防守腹地以让前锋队员在乱中寻找机会。集体性全队打法突出简练，控球队员多通过传球达到突破对方防守的目的，较少采用个人运球突破等复杂战术。由于控球队员多采用传球方式，集体性全队打法注重对球的安全控制，不轻易将控球权丢失，不轻易冒险。进攻中常常通过有组织、有计划地利用多名无球队员的统一行动，一部分无球队员利用跑位在对方防守阵线中制造空当，另一部分无球队员则利用这些空当，在进攻中形成整体打法。

（2）个体性风格。个体性的全队打法注重发挥队员个人的技术技巧。在进攻中充分利用队员个人高超的技术技巧运球突破或运球摆脱对手，为自己或同伴创造更好的进攻机会。此外，由于充分发挥了个人的技术技巧，进攻中的机敏灵活是该打法十分突出的特征。控球队员往往根据运球过人或突破后的情况采取相应对策，而这种对策在比赛前的准备会上是不可能被详尽预料到的，比赛中完全靠运动员个人的临时应变决策。另外，由于运动员多通过运球摆脱或运球突破来制造进攻良机，在个体性的全队打法中，运动员往往要运用复杂的技术技巧。

3. 直接性与间接性风格

（1）直接性风格。足球直接性比赛方法强调快节奏，常常在传球时寻找最直接的传球路线将球攻到对方门前，也就是本方进攻的第三区。控球队员控球后，每每采用直接传球方式将球向前传。在有可能的情况下抓住时机，尽快向前做长传球。这样的战术打法，队员需要有快速奔跑的能力和快速奔跑中处理球的能力，运动员在比赛中所处的位置比其控球的作用显得更加重要。因为，向前传球就必然要求在控球者前方有自己的同伴接应才行，没有同伴接应，就无法向前做长传，更无法快速直接传球。所以在直接性战术打法中，进攻中无球队员抢先占据有利的接应位置，比自己在安全的地方控球更具战略意义，只有运动员占据了有利位置，直接性的战术打法才能得以实现。进攻队员在比赛中没有占据必要的攻击位置，直接性打法就会变成盲目快攻，结果自然没有实际收效。

（2）间接性风格。间接性战术打法与直接性打法相反，其强调运动员在比赛中牢牢地将球控制好，不轻易丢球。因此，这种战术打法特别注重队员的控球，队员可处于较次要位置。此外，间接性战术打法在向前推进时，往往采取迂回前进的方法，进攻的节奏较慢。这种战术打法通常在攻入半场且对方已经建立牢固的防守体系时采用。攻方要通过不停地倒脚，改变传球方向，传球或运球调动对手，以图在防守阵线上寻找漏洞或制造防守漏洞供本方队员突破插入利用。

总的来看，不同风格的战术打法，其特征各不相同。属于低压力、个体性、间接性的战术打法的特征集中表现为：比赛中通过多人的短传控制球，有球队员身旁往往有多人近距离地接应，队员个人的控球技术技巧娴熟，队员个人的传球技术技巧全面，注重且能够保持控球权。属于高压力、集体性、直接性的战术打法的特征则集中表现为：控球队员身旁较少有接应队员且接应队员距离较远，鼓励控球队员长传，队员的传球技术简练，传出使接应队员在防守队员人群中接控球的冒险性的长传渗透较多，接应队员不停顿地、反复快速地来回摆脱跑位，并且注重在对方门前的区域内取得或夺取控球权。

第三节 气排球运动的教学训练

"气排球是一种从排球运动演化而来的,受众范围相对较广,操作也较为简单的运动。"❶ 气排球,是我国自创的一种排球衍生项目。随着气排球运动的不断发展,不同形式的气排球运动越来越多,比如沙滩气排球、草地气排球、雪地气排球等,各个地区根据自身的地理优势选择更多形式的气排球运动,非常适合广大群众参与其中。

一、气排球运动技术的教学训练

气排球技术,是指运动员在比赛规则允许的条件下采用的各种合理的击球动作和配合动作的总称,它是气排球比赛的基础。气排球的性能很接近室内六人排球,室内六人排球的各项技术动作大都适用于气排球,但由于气排球的球体特点和规则特点与室内六人排球有区别,它具有自己独特的技术动作,譬如捧球、托球等技术。

气排球技术可以分为无球技术和有球技术。

(一) 无球技术

准备姿势与移动,是气排球运动中运用最多的基本技术,是完成发球、垫球、传球、扣球和拦网等各项击球技术的前提和基础,并对各项击球技术动作的运用起串联作用。合理的准备姿势主要是为了更快速地移动,到达某个有利的进攻或防守位置。

1. 准备姿势

准备姿势,是进行移动和各种击球前所做的合理的准备动作,是完成各种技战术的基础。准备姿势首先为了迅速起动,快速移动去接近球,与球保持合理的距离,以便完成各种击球动作,其次为了及时起跳、倒地和做各种击球动作。准

---

❶ 陈晓枫. 我国气排球运动推广研究 [J]. 当代体育科技, 2019, 9 (32): 244.

备姿势按照身体重心的高低，可分为半蹲、稍蹲和低蹲准备姿势三种。

（1）半蹲准备姿势。两脚左右开立，稍比肩宽，一脚稍前，两脚尖内收，脚跟稍提起，膝关节保持一定的弯曲，两臂放松自然弯曲，双手置于腹前，两眼注视来球，两腿始终保持微动处于待发状态。

（2）稍蹲准备姿势。稍蹲准备姿势比半蹲准备姿势重心稍高，动作方法相同。

（3）低蹲准备姿势。低蹲准备姿势比半蹲准备姿势的身体重心更低、更靠前，两脚左右前后的距离更宽一些，膝部的弯曲程度更大一些，其中肩部投影过膝，膝部投影过脚尖，双手置于胸腹之间。

2. 移动

练习者从起动到制动之间的位移和动作称为移动。移动的完整过程包括起动、移动、制动三个环节。

（1）起动。起动是移动的开始，它是在准备姿势基础上交换身体重心的位置，破坏准备姿势重心的稳点，使身体便于朝某一方向移动步法。起动的快慢是移动的关键，起动的速度取决于反应能力和腰腿部的速度力量。

（2）移动。移动是在起动的基础上，利用脚步动作来改变运动员在场上的位置，完成技术动作和战术配合的行动。起动后，应根据实际技战术的需要，灵活地采用多种移动步法进行移动。移动的主要步法和动作方法如下：

第一，并步。两脚前后站立，与肩同宽，两膝微曲，上体稍前倾，两手自然放松置于腰腹部。并步时，前脚朝来球方向跨出一步，后脚迅速蹬地跟上，并做好击球前的姿势。并步的特点是容易保持身体平衡，便于做击球动作。并步可朝前、后、左、右各方向移动。

第二，滑步。连续并步就是滑步。

第三，交叉步。两脚左右开立，向右侧交叉步移动时上体稍向右转，左脚从右脚前向右交叉迈出一步，然后右脚再朝右侧方向跨出一大步，同时重心移至右脚，身体转向来球方向，保持击球前的姿势。交叉步的特点是步子大、动作快、便于制动。

第四，跨步。跨步前膝弯曲，上体前倾，身体重心移至跨出脚上。跨步时，一腿用力蹬地，另一腿朝来球方向跨出一大步，后腿随重心前移后自然跟上，两臂做好迎球动作。跨步的特点是跨距大，便于向前、斜前方降低重心进行低点击球。

第五，跑步。跑步时，一脚蹬地起动，另一脚迅速向前迈出，两脚交替进行，两臂配合摆动，不要过早做出击球动作的准备，以免影响跑步的速度。跑步的特点是移动速度快，便于随时改变方向。

第六，综合步。综合步即以上各种步法的混合运用。

（3）制动。制动是移动的结束，要及时克服身体惯性冲力，保持好击球前的身体姿势。制动的方法有一步制动法和两步制动法。

（二）有球技术

1. 发球

发球技术，按动作方法可以分为正面下手发球、侧面下手发球、正面上手大力发球、正面上手飘球等。

（1）正面下手发球。正面下手发球是指发球队员面对球网，手臂由后下方向前摆动，在体前腹部高度击球过网的一种发球方法。其特点是动作简单，容易掌握，准确性高。但球速慢，攻击性不强，适合初学者。

第一，准备姿势。面对球网，两脚前后开立，左脚在前，两膝微屈，上体稍前倾，重心偏后脚，左手持球于腹前。

第二，抛球。左手将球轻轻抛起在体前右侧，离手高约 15cm。在抛球之前，右臂伸直，以肩为轴向后摆动。

第三，击球。借右脚蹬地力量，身体重心随着右手向前摆动击球而移至前脚上。在腹前以全手掌击球的后下方。随着击球动作重心前移，迅速入场。

正面下手发球，要注意两点：①肘关节不能弯曲。击球手臂应以肩为轴向后摆起，再以肩为轴直臂向前摆动，在击球前手臂不应有屈肘动作，这样有利于加快挥臂速度、控制击球出手角度和路线并提高准确性。②击球点在球的中下部。手触球时，击球点在球的中下部，这样球的出手轨迹更有利于提高发球的准确性。

（2）侧面下手发球。侧面下手发球可借助转体力量带动手臂挥动击球，比较省力，但攻击性不强，一般适用于初学的女生。

第一，准备姿势。左肩对网，两脚左右开立，约与肩宽，两膝微屈，上体稍前倾，重心落在两臂间，左手持球于腹前。

第二，抛球。左手持球平衡抛至胸前，距身体约一臂远。

第三，击球。在抛球的同时，右臂摆至右侧下方，接着利用右脚蹬地向右转体的力量，带动右臂向前上方摆动，在腹前用全手掌击球的右下方，击球后顺势使重心前移，迅速进场。

侧面下手发球，要注意两点：①击球手臂应由体侧右下方向斜前上方挥动。②击球点不超过肩的高度。

（3）正面上手大力发球。正面上手大力发球是指发球队员面对球网站立，利用收腹转体动作带动手臂加速挥动，在头的右前上方用手掌击球过网的发球方法。这种发球方法击球点高，可以充分利用胸腹和上肢的爆发力，加之运用手掌的推压动作使球呈上旋飞行，不易出界，因此，它具有较大的攻击性和较高的准确性。

第一，准备姿势。面对球网，两脚自然开立，左脚在前，左手持球于体前。

第二，抛球。用抬臂和手掌的平托上送，将球平稳地垂直抛于右肩的前上方，高度适中。在左手抛球的同时，右臂抬起，屈肘后引，肘与肩平，上体稍向右侧转动，抬头、挺胸、展腹、手掌自然张开。

第三，挥臂击球。击球时，利用蹬地，使上体向左转动，同时收腹，带动手臂向前上方快速挥动。在右肩上方伸直手臂的最高点处，用全掌击球的中下部。击球时，手指自然张开吻合球。手腕要迅速主动做推压动作，使击出的球呈上旋飞行。击球后，随着重心前移，迅速入场。

正面上手大力发球，要注意三点：①准备姿势里面的站位。如果右手发球，必须左脚在前，这样便于引臂和身体自然右转，反之亦然。②抛球。球抛在身体右侧前约30cm处，球离手约1m高为宜。③击球。击球时，前臂和手腕动作要稳定，不要左右转动，击球时，整个手掌包住球。手腕推压动作的大小，应根据击球点的位置进行调整，击球点高或离身体近时，手腕向前推压的动作要稍大，击球点偏前或较低时，手腕向前推压动作要稍小，以免击球出界或下网。

（4）正面上手飘球。正面上手飘球是一种发球时不使球产生旋转，而使球呈不规则地向前飘晃飞行的发球方法。这种发球方法使接发球队员难以判断球的飞行路线和落点。由于发球时队员面对球网站立，便于观察情况和瞄准目标，攻击性较强、准确性较高。目前，上手飘球已成为发球的一种主要方法，男女均普遍采用。

第一，准备姿势。近似正面上手大力发球，但左手持球的位置较高，约在胸前。

第二，抛球。近似正面上手大力发球，但抛球比正面上手发球稍低，稍靠前些。

第三，挥臂击球。与正面上手大力发球一样做鞭甩动作，但击球前手臂的挥动轨迹不呈弧形，而是自后向前做直线运动。击球时，五指并拢，手腕稍向后仰，用掌根的坚实平面击准球体中下部，使作用力通过球体重心。击球用力要快速，击球面积要小，手指紧张，手型固定，不加推压动作，击球结束，手臂要有突停动作。

正面上手飘球，要注意两点：①抛球。抛球要平稳且不宜过高，以略高于击球点为宜。②发飘球的用力，动作幅度要小，但发力要突然、快速、短促。

2. 捧球

捧球，是气排球创新的击球技术动作。由于气排球质量轻、球体质地柔软而且富有弹性，在空中飞行时容易受到气流影响，速度变化大且方向易变，只有加大击球面积才能克服控球稳定性差的状况。在长期实践中，气排球的参与者们发明了捧球技术动作，有效地解决了击球时球体稳定性问题。捧球可分为单手捧球和双手捧球。

（1）捧球的技术结构。

第一，准备姿势。根据来球，多采用半蹲姿势或稍蹲姿势，并随时调整姿势的高低，以适应捧球的需要。其目的要求是保证捧球时身体的稳定性迅速朝各个方向移动。

第二，移动和取位。判断来球有明显不到位情况时，队员应迅速以最简便、最有效的步法移动上去接近球。取位时，身体尽量对准捧球出球方位。其目的要求是使身体保持有利于捧球的位置。

第三，用力。身体和手臂保持适当的紧张度，利用较小幅度的手臂抬送和手腕、手指触球形成的合力将球捧起。其重点是不允许迎球。

（2）捧球的动作方法。

第一，双手托捧（身体侧上方）。接球时，两手掌根相对，保持一只手五指分开，手心向上，另一只手五指分开，手心向着来球方向的手形，位于身体侧上方。在接触球的瞬间，一只手触球的下部，另一只手触球的后中下部，两前臂同时向出球方向送出，利用手腕手指触球形成的弹力将球传出。其特点是利用快速伸手，可挡击并调整较高位置且有速度的来球，有利于丰富攻防快速转换中二传运用，动作技术易学、实用，是气排球实战中常用技术之一。

第二，双手托捧（身体前方）。接球前，两脚开立，与肩同宽，成半蹲或稍蹲姿势站立。两肘弯曲，两手掌根相对，保持一只手五指分开，手心向上，另一只手五指分开，手心向着来球方向的手形，位于体前。在接触来球的瞬间，一只手托在球的下部，另一只手触球的后中下部，两前臂同时上抬，利用手腕、手指触球形成的弹力将球捧起。其特点是伸手动作快，可挡击任何位置来球，特别是胸前、腰上来球；可扩大防守范围，容易控制球的落点和方向。动作技术易学、实用，是气排球实战中常用技术之一。

第三，双手平捧。双手平捧动作方法是两脚开立，成半蹲姿势。两肘弯曲，上臂与前臂夹角大于90°，两手平行成一个平面，置于腹前。来球时，前臂前伸，掌心向上，五指分开，手指呈半紧张状，两手形成一个平面。击球瞬间，双手插入球底部，捧住来球，前臂上抬，自下而上全手掌击球的后下部，利用手腕、手指触球形成的弹力将球捧起。

第四，单手捧球。单手捧球技术是指处理在身体侧前方且速度平稳来球的实用技术。其动作方法是两脚开立，呈高重心姿态。单臂置于腰腹前，五指自然张开，形成一个平面，掌心朝上。上臂与前臂夹角大于90°。击球瞬间，置球于手掌心上，击球位置可在腹部以下，靠手指手腕力量捧并弹击来球。

第五，双手夹捧。双手夹捧动作方法是两脚开立，成半蹲姿势。击球点一般位于膝关节以下或膝关节以上腰腹以下。来球时，两手臂往前伸，掌心相对，五指分开，手指呈半紧张状，两手呈夹球形。击球瞬间，两手快速夹触球（掌心不触及球），利用前臂和手腕的合力，两手同时向上将球捧起。

3. 垫球

垫球，是指用手臂插入球的下部，利用来球的反弹力向上击球的技术动作，主要用于接发球、接扣球、接拦回球，有时也用来组织进攻。完成动作时，以正确的动作定型，强调含胸夹臂，小臂外翻，手腕下压，使小臂形成平面。垫球时协调用力、迎球及时、用力适度、蹬送明显，使手臂角度随来球而变化，达到控制球力度的目的。

垫球技术按动作方法可以分为：正面双手垫球、侧面双手垫球、背垫球以及挡球等。

（1）正面双手垫球。正面双手垫球技术是垫球中基本和常用的技术。

第一，准备姿势。以半蹲或稍蹲准备姿势，两脚开立，稍宽于肩，两脚一前一后，两膝弯曲，在场地左半场一般左脚在前，右半场一般右脚在前，中间依习惯决定，肘关节自然弯曲，两手置于腰腹之间。此外，两手相对，拇指朝上也极为重要，因为拇指朝上，两手相对，既可以向下组成垫球手臂型及垫球动作，也可以向上组成传球动作和挡球。

第二，垫球的动作。当来球距自己身前较近时，以两手重叠，两掌根靠拢，合掌互靠，两拇指平行，两肩放松，两手臂伸直旋外，组成叠掌型手型，向前下方插入球下，以压腕，抬臂及跟腰，蹬地伸膝动作将球垫出，击球点约在腹前一臂处为宜，击球部位是前臂腕关节上 10cm 处前臂形成的平面。

第三，垫球用力。垫球的用力同来球的速度有关，当来球速度慢时，垫球动作用力幅度大；当来球速度快时，垫球动作用力幅度小，或不用力。垫轻球时，由于来球速度慢，应以两臂上抬和伸膝的协同用力动作将球垫出。垫中等力量来球时，由于来球有一定速度，两臂迎击上抬的幅度小，速度应缓慢。髋、膝、踝关节应保持弯曲状态，随着球的速度和反弹，伴随抬臂、缓慢的伸膝、蹬地，使球按照一定的合理速度垫给二传。垫重球时，由于来球速度快，两臂触球时间几乎为零，此时应摆好手臂角度，两膝关节弯曲，重心降低，不给球任何力量，使球垫在手臂反弹出去。球出手后，膝关节仍保持弯曲状态，尽可能利用肌肉的弹性和本体感觉控制球的反弹角度和方向。

第四，手臂角度与本体感觉。垫球时，手臂与地面的夹角对控制球的方向、弧度、落点也有一定关系。一般来说，来球弧度高，垫出的球弧度低，手臂与地面的角度可大些；来球弧度低，垫出球的弧度大，手臂与地面的角度可小些。垫球时，另一重要因素是肌肉本体感觉，由于垫球是用手臂垫出的，球接触手臂时间很短，通过判断，肌肉本体感觉及垫球的技术动作综合要素，才能控制好球的落点、弧度、速度，因此需要长时间练习才行。

（2）侧面双手垫球。在身体两侧用双手垫球的技术动作称为侧面双手垫球。在比赛中，由于球的速度快，不规则性大，常采用这一技术。

以左侧为例，当球向左侧飞来时，左脚跨出一步，重心左移，两臂夹紧组成垫球手臂向左伸出，右臂向下倾斜，用向右转腰和提左肩的动作配合两臂自左后下方向前截住球飞行路线，垫击球的后下部。但注意不要随球摆臂，以免球从侧面飞出，在正对来球情况下尽可能通过移动正对来球。

（3）背垫球。背对击球方向，从体前向背后垫球叫背垫球。垫球时先迅速移动到球的落点下方，背对击球方向，两臂靠拢伸直，击球点高于肩，以抬头挺胸，展腹后仰动作，直臂向后上方摆动击球。在垫低球时，可利用屈肘、翘腕动作，以虎口处将球向后上方垫起。

（4）挡球。用双手或单手在胸部以上挡击来球称为挡球。挡球可分为双手挡球和单手挡球。双手挡球多用于挡击胸部以上、力量大、速度快的来球，手形有抱拳式和并掌式两种。抱拳式是由两肘弯曲，一手内抱，另一手外抱，两手掌外侧所组成的平面朝前。并掌式是由两肘弯曲，两手虎口交叉，两手掌外翻合并成勺形的击球面朝前。挡球时，手臂屈肘上举，手腕后伸，以手掌外侧和掌根所组成的平面挡击球的后下部。击球瞬间，手腕要紧张，用适度的力量将球向前上方挡起。

4. 传球

利用全身协调力量并通过手指、手腕的弹力，将球传至一定目标的击球动作，称为传球。传球的特点是采用手指、手腕缓冲和反弹的力量击球，因此，控制球的面积较大，容易控制球的弧度和落点。传球是气排球运动中基本技术之一，也是二传队员组织本队进攻的主要方式。

（1）正面传球。正面传球是最基本的传球方法，是其他各种传球的基础。

第一，准备姿势。多采用稍蹲准备姿势，两脚左右开立，一前一后，约同肩宽，两膝稍弯曲，身体自然挺起，两手自然抬起，准备传球。

第二，传球手形。传球手形是传好球的基础，正确的传球手形有助于传好球，控制好球的方向和速度。传球手形分为两种：①两手组成半球状，两拇指相对成"一字形"的传球手形。②两手组成半球状，两拇指斜向前方的"八字形"传球手形。这两种手形的技术共同点是在触球时，两臂弯曲，两肘适当分开，两手指自然张开，两手组成半球状，使手指与球吻合，手腕稍后仰；不同点是"一字形"以拇指中部触球的底部，"八字形"以拇指内侧触球的底前部。两种手形均以食指全部，中指二、三指节和无名指，小指的末端关节触球。从对人体解剖学和运动生物力学分析来看，"一字形"的传球动作主要是以拇指的内收、屈并向对掌运动进行的动作协同其他手指、手腕屈的运动作用于球体将球传出；"八字形"是以拇指的屈和对掌运动协同其他手指、手腕屈的用力传球。两种手形用力动作均符合人体解剖学原理和排球运动实践的需要。

第三，传球击球点。当来球距身体约 1m 时，则开始向上伸臂和伸膝迎击来球。击球点约在额前上方一球为宜。

第四，传球的用力动作。传球主要是以手指、手腕的弹力及伸臂伴送和伸膝蹬地全身协调用力将球传出。当传球的距离较远时，蹬地、伸膝的用力大一些；反之，则小一些。

（2）背面传球。背对传球方向的传球称为背传球。背传时上体比正传时稍后仰，身体重心在两腿之间，双手抬起置于脸前，两腿自然弯曲，击球点在额的上方。同正传相比，背传靠近头上部，背传手型同正传相同，用力时以蹬地、伸膝，挺腰展腹向上伸肘，同时以手指、手腕的弹力将球传出。同正传相比，背传手腕用力幅度小，拇指向后上方用力较大，食指和中指向上辅助控制球的方向。

5. 扣球

队员以一只手臂击球的形式，将本方场区上空的球击入对方场区的击球方法叫作扣球。扣球，是进攻性击球的基本形式和有效方法，是比赛得分的主要方法之一。扣球技术，按动作方法可以分为正面扣球和勾手扣球；按起跳动作可以分为原地起跳扣球、双脚助跑起跳扣球、单脚起跳扣球和冲跳扣球等。下面以正面扣球为例，探讨扣球技术的训练方法。

（1）正面扣球的动作分析。正面扣球是扣球的一种基本方法。正面扣球面对球网，便于观察，准确性较高。运动员可根据对方防守布局随时改变扣球路线、力量，有利于控制球的落点，因而是最好的进攻方法。

正面扣球的动作结构包括准备姿势、助跑、起跳、空中击球和落地互相衔接的部分。整个扣球动作必须协调有节奏。

第一，准备姿势。扣球助跑前采用稍蹲姿势，两臂自然下垂，站在距网3m左右的位置观察来球，做好向各方向助跑起跳的准备。

第二，助跑。助跑是为了接近球，选择适宜的起跳地点，同时起到增加弹跳高度的作用。助跑的步数要根据球的远近和个人习惯采用一步、两步、三步或多步法。以两步助跑为例：助跑时左脚向前迈出一步，接着右脚迅速跨出一大步，并以右脚的脚跟先着地过渡到全脚掌着地（也有用前脚掌先着地），左脚及时并上，脚尖稍向右转，踏在右脚之前，两臂由体前经体侧至体后上方，上体前倾，接着重心前移并降低重心，两膝弯曲并内扣，准备起跳。第一步是决定助跑的方向；第二步起到调整的作用，使起跳的位置正确，起跳后保持正确的击球点。

第三，起跳。起跳不仅仅为了获得高度，还为了掌握扣球的时机和选择适当的击球位置。

第四，空中击球。击球是扣球技术的关键环节。起跳后，挺胸展腹，上体稍向右转，右臂向后上方抬起，身体成反弓形，利用收腹发力，带动肩、肘、腕各关节做鞭打动作向前上方挥动，使全身的协调用力集中于手上，以加大击球力量。击球时，五指微张成勺形，手掌包满球，击球的后中部，同时主动用力屈腕屈指向前推压，使扣出的球加速上旋。

第五，落地。落地时应力争双脚尽快同时着地。以前脚掌先着地过渡到全脚掌着地。同时顺势屈膝、收腹，以缓冲下落力量，并立即做好下一个动作的准备。

（2）扣球时，常见错误和纠正方法。

第一，助跑起跳问题。

错误表现：起跳点保持不好，起跳时机太早或太晚，扣球时离网太近或太远。

纠正方法：明确助跑起跳时机；用限制法强行限制起跳点；用助跑起跳接高球或高压吊球练习体会起跳至最高点手触球时间和保持人球位置。

第二，挥击动作不正确。

错误表现：手臂挥击僵硬，肘关节下拖，鞭甩不充分。

纠正方法：两人一组，一人持球在最高点，另一人做鞭打动作，互相协作，互相找缺点（相当于镜子的作用）。

第三，击球手法不正确。

错误表现：未包满球。

纠正方法：未包满球时，击球发出的声音没有包满球时的声音响，可通过听声音来辨别；原地对墙扣小力量球，体会手腕触球用力的感觉。

第四，扣球节奏不适宜。

错误表现：不能在最高点击球。

纠正方法：原地固定球练习；助跑起跳固定球练习。

6. 拦网

拦网，是指靠近球网将手伸向高于球网处阻挡对方来球的行动，是抗击对方来球的第一道防线，是反攻的序幕，它是集防守与进攻于一体的技术，是得分的重要手段之一。拦网分为单人拦网和集体拦网。两者对个人的技术要求是相同的，只是集体拦网需要注意相互间的协调与配合。

（1）单人拦网。单人拦网是集体拦网的基础。其动作结构包括准备姿势、起跳、空中动作和落地四个相互衔接的部分。

第一，准备姿势。队员面对球网，两脚平行开立，约与肩同宽，距网 30～40cm，两膝稍屈，两臂在胸前自然屈肘，以便于起跳和迅速向两侧移动。移动是为了及时对正扣球，可根据各种情况采用并步、交叉步、滑步等移动步法，迅速选好起跳点，准备起跳。

第二，起跳。原地起跳时，重心降低，两膝弯曲，用力蹬地，使身体垂直起跳。

第三，空中动作。起跳时，两手从额前贴近并平行球网向网上沿的前上方伸出，两臂伸直，两肩尽力过网伸向对方上空，两手接近球，并自然张开，当手触球时，两手要突然紧张，手腕用力下压，盖住球的上方。手腕的主动用力盖帽捂球，使球反弹角度小，对方不易防守。为了防止打手出界，2、4 号位队员的外侧手掌心要向内转。

选择拦网的部位，是影响拦网效果的重要因素。选择拦网的部位不能只根据球的位置，更重要的是根据扣球队员的动作，除须事先了解扣球队员的特点之外，还要注意扣球队员的身体位置和挥臂方向。因此，队员根据球的位置起跳时，就要把注意力转移到扣球队员的动作上，最后根据其挥臂方向，判断球的过网位置，双手最后伸向这个部位拦网。如果已伸手拦网，又发现扣球队员转变扣球方向，也可采用空中移动拦网，伸向对方扣球方向那一侧的手，手腕可以加侧倒动作，扩大拦区。

第四，落地。如已将球拦回，则可面对对方，屈膝缓冲，双脚落地。如未拦到球，则在下落时随球转头，并以与转头方向相反的一脚先落地，随即转身面对后场，准备接应来球或做下一个动作。

（2）集体拦网。集体拦网中单个动作同单人拦网动作一样，关键是配合。集体拦网要确定以谁为主，密切协同配合，主拦队员确定拦网中心，配合队员要及时选好起跳点，起跳时应避免相互冲撞和干扰。起跳后，手臂在空中要保持适当距离，尽量扩大拦截面，但手与手之间距离不要过大，以免漏球。

二、气排球运动战术的教学训练

（一）气排球运动战术的组成部分

气排球战术，是指运动员在比赛中，根据气排球竞赛规则和气排球运动的规律、比赛双方的具体情况和临场竞赛的发展变化，合理运用个人技术及集体配合所采取的有意识、有组织的行动。气排球战术，根据参与人数可以分为个人战术和集体战术。

第一，个人战术，是指运动员运用个人技术的变化，达到有效的进攻和防守的目的。个人战术包括发球、一传、二传、扣球、拦网、后排防守。

第二，集体战术，是指建立在进攻阵型与进攻打法和防守阵型与防守方法的基础上，2名以上运动员之间有组织、有目的、有预见性的集体配合行动。集体战术是根据在气排球运动中进攻与防守相互转换的特点和规律进行分类，具体分为接发球及其进攻（一攻）、接扣球及其进攻（防反）、接拦回球及其进攻（保攻）、接传垫捧球及其进攻（推攻）。

在气排球整体运动中，技术是基础，战术是载体，技术通过战术来发挥和表现。技术是制定战术、运用战术的基础。技术决定战术，战术促进技术。二者相互促进和提高。技术与战术相互联系、相互依存、相互制约、相互促进而发展。

个人战术是集体战术的组成部分，集体战术是个人战术的综合体现，二者之间的关系是局部与整体的关系。二者相辅相成，互相促进，互相弥补。

战术意识是队员在实际运动中积累的经验、才能与知识的综合反映，也是队员在比赛中判断能力、反应能力、应变能力以及合理地运用技术和实现战术能力的概括。战术意识是运动员的自觉心理活动，是反映一个队员是否成熟的重要标志。但战术稳方，球向下旋转飞行，旋转越快，落地越近，不易出界。

（二）气排球运动战术的阵容配备

阵容配备是合理使用队员、有效组织本队力量的一种战术组织形式，是参赛队根据比赛的实际情况、本队战术组织的特点及队员自身的身体情况，有针对性地、合理地安排出场队员及位置分工，充分地调配力量，科学组织人员的筹划过程。

1. 阵容配备的基本形式

（1）在四人制比赛中，主要形式包括：①"二二"配备，即 2 名二传、2 名扣球队员。②"三一"配备，即 1 名二传、3 名扣球队员。

2 号位传球配备，即由轮转到 2 号位的队员做二传。

（2）在五人制比赛中，主要形式包括：①"三二"配备，即 3 名扣球队员、2 名二传队员。②"四一"配备，即 4 名扣球队员、1 名二传队员。

前排 2 号位或 3 号位传球配备，即由轮转到 2 号位或 3 号位的队员做二传。

2. 队员场上的位置安排

（1）在四人制气排球中为两排两列，2 号位、3 号位为一排（前排），1 号位、4 号位为一排（后排），1 号位、2 号位为一列，3 号位、4 号位为一列。

（2）在五人制气排球中为两排三列，2 号位、3 号位、4 号位为一排（前排），1 号位、5 号位为一排（后排），1 号位、2 号位为一列，4 号位、5 号位为一列，3 号位单独为一列。

（三）气排球运动战术的位置交换

位置交换，即在规则允许的条件下，交换场上队员位置的方法。

1. 位置交换的目的

（1）有利于发挥队员特长，以取得扬长避短的效果。

(2) 有利于组织进攻防守战术的需要，从而取得攻防战术的优势。

(3) 有利于队员专位分工，以提高攻防战术的质量。

2. 位置交换的任务

(1) 将二传队员换位到二传位置。

(2) 将扣球队员换位到他更擅长的扣球位置。

(3) 将拦网好的队员换到对方进攻较强的位置。

(4) 将防守好或接发球好的队员换到作用更大的位置。

3. 位置交换的方法

(1) 本方发球时，同排队员相互靠近，待发球队员击球后，按照事先约定好的位置进行换位。

(2) 对方发球时，利用合理的接发球站位进行位置交换。

(3) 比赛中，利用"一攻"结束后顺势换位，组成"防反"阵型，待死球后再恢复成原来的位置。

4. 位置交换的要领

(1) 交换的队员要制定好换位移动的路线，防止相互干扰。

(2) 交换时要迅速、果断，尽可能缩短交换时间，交换后立即形成拦网准备动作。

(3) 必须在发球队员击球之后再换位，防止出现"位置错误"。

(4) 成死球后，应立即返回原来的位置，防止发生"轮次错误"。

三、气排球运动比赛的主要特点

（一）群众性

气排球运动的形式具有多样性。根据参与人数，气排球运动可以分为五人制气排球和四人制气排球；根据参与对象的年龄，气排球运动可以分为老年人气排球、中年人气排球和青少年气排球；根据参与对象的性别，气排球运动可以分为男子组气排球、女子组气排球和混合组气排球；根据运动场地，气排球运动可以分为室内气排球、沙滩气排球、草地气排球和雪地气排球等；根据活动用球，气排球运动可以分为普通气排球和迷你气排球等。

气排球具有重量轻、体积大、球体柔软、反弹力大、球的飞行速度慢、简单易学等特点，这使得参与者没有手指挫伤、手臂疼痛等顾忌，不易对身体造成损伤。再加上气排球运动的基本动作难度小，技术性要求低，规则容易掌握和变通，即使没有室内排球基础的人也可以参加活动，享受比赛的乐趣，因此有更多的人参与气排球运动。

（二）技术全面性

各项气排球技术在运用中较难进行严格的攻防区分，要求技术动作既有攻击性，又有准确性。在气排球比赛中，每个队员都要进行位置轮转，即要求任何位置上的队员都能攻善守，这决定了每个队员必须全面、熟练地掌握气排球的各项技术。

（三）集体协作性

气排球是一项集体项目，气排球比赛中双方的攻防换和竞争的焦点主要集中在扣球和拦网上。每次攻防的转换和战术组织，需要队员之间协调配合，共同完成，才能战胜对手。场上任何一名队员的水平或状态不在线，都会直接影响这支球队在比赛中的发挥，体现了集体协作精神的重要性。

（四）娱乐性

气排球比赛和室内排球比赛一样隔网进行，双方身体接触少，不易受伤，比较文明，适合人们健身和休闲。气排球技术动作门槛低，气排球飞行速度慢，不易落地，这些特点能使比赛的来回球增多，对抗性强，具有很大的娱乐性。

第六章
健美操运动教学与健康促进

第一节　健美操运动概述

一、健美操的分类与特点

健美操，即有氧体操或有氧舞蹈，是有氧运动的一种。健美操是一项新兴的体育运动，从兴起发展到现在只有短短几十年时间，发展迅速并存在多种练习形式和流派。健美操是一项融体操、舞蹈、音乐为一体，经过再创造，按照全面协调发展身体的要求，组编成操，在音乐伴奏下，达到增进健康、培养正确体态、塑造美的形体、陶冶美的情操的一种锻炼手段。健美操是人体以自身为对象，以健美为目标，以身体练习为内容，以艺术创造为手段，融体操、舞蹈、音乐为一体的一项新兴体育项目。

"健美操是根据人体解剖学、运动生理学、运动医学和美学原理塑造人们健美体型的一项体育运动，能够实现健身、健美、健心的完美组合。"[1] 健美操的基础和实质，是有氧练习或有氧运动。有氧运动是在氧供应充足的情况下，以人体有氧系统提供能量的一种运动形式，其运动特征是持续一定时间的、中低强度的全身性活动，主要提高练习者的心肺功能，是耐力素质的基础。事实上，从提高健康水平的角度来说，只有有氧运动才能较好地影响人体，达到锻炼身体的目的，而有氧练习是健美操最本质的特征，也是影响人体最积极的方面。因此，健美操是一项融体操、舞蹈、音乐为一体，以有氧练习为基础，以健、力、美为特

---

❶ 杜海波. 基于健美操在中职体育教育中的作用的探讨 [J]. 学周刊，2022，1 (1)：20.

征的体育运动项目。

（一）健美操的分类

健美操种类繁多，分类方法也不尽相同，根据健美操活动的目的和任务，健美操可分为健身性健美操、竞技性健美操和表演性健美操三大类。竞技性健美操根据竞技性健美操规则的要求进行编制、训练、比赛。健身性健美操是普及性的，没有统一要求。

1. 健身性健美操

健身性健美操是集健身、娱乐于一体的群众普及性健身运动，是竞技性健美操的基础，其目的是通过全面活动身体，提高氧代谢能力，增强体质，增进健康，促进人体健美，焕发精神，陶冶情操。健身性健美操是一种有氧运动形式，面向大众，强度和难度相对较低，形式和内容丰富多样。其动作简单，实用性强，音乐速度也较慢，且为了保证一定的运动负荷和锻炼的全面性，动作多有重复，并均以对称的形式出现，还可根据不同的需要锻炼身体各个部位，并根据练习对象的需求进行创编。因此，健身性健美操适合社会不同年龄、性别、职业、层次的人锻炼。健身性健美操的练习时间可长可短，从 5 分钟到 1 小时不等。

健身性健美操有许多风格，一般包括健身操、爵士健身操、踏板健身操、搏击健身操、瑜伽健身操等。

健身性健美操主要有以下分类方法：

（1）根据练习形式，健身性健美操可分为徒手健美操、持轻器械健美操和利用专门健美器械进行练习的健美操。

（2）根据练习者的性别特征，健身性健美操可分为女子健美操和男子健美操。

（3）根据练习者不同年龄阶段的特征，健身性健美操可分为幼儿健美操、儿童健美操、少年健美操、青年健美操、中年健美操和老年健美操。

（4）根据人体解剖结构特征，按身体部位健身性健美操可分为颈部健美操、肩部健美操、臂部健美操、胸部健美操、腰腹健美操、髋部健美操、腿部健美操和足部健美操。

（5）根据动作的内容特征，健身性健美操可分为形体健美操、姿态健美操、跑跳健美操和垫面健美操等。

目前，我国健身性健美操开展得非常广泛，各种成套健美操动作的练习时间、场地、人数、内容、动作名称、节奏快慢等没有统一的标准，可以根据练习者的需要进行编排。

综上所述，健美操是集体操、音乐、舞蹈于一体的追求人体健康与美的运动项目，因此，健美操具有体育、舞蹈、音乐、美育等多种社会文化功能。人们通过健美操锻炼，可以达到改善体质、增进健康、塑造体形、控制体重、愉悦精神、陶冶情操等目的。

2. 竞技性健美操

竞技性健美操，起源于传统的有氧健身舞，是在健身性健美操的基础上发展而产生的，是以争取优异成绩为主要目的，展示人体健、力、美和全面素质的竞赛项目。竞技性健美操是有氧和无氧代谢运动的结合，并以无氧代谢为主，运动强度大、时间短、速度快、动作难度大、变化多、技术复杂，因此对人的体能、技术、心理、意志等方面具有更高的要求。

竞技性健美操是在音乐伴奏下，通过难度动作的完美完成，展示运动员连续表演复杂和高强度动作的能力。成套动作必须通过所有动作、音乐和表现的完美融合体现创造性。竞技性健美操以成套动作为表现形式，在成套动作中必须展示连续的动作组合、柔韧性、力量与七种基本步法的综合使用并结合难度动作完美地完成。竞技性健美操在参赛人数、比赛场地和成套动作的时间等方面必须严格按照规则进行，成套动作的编排、动作的完成、难度动作的数量等也都有严格的规定。竞技性健美操比赛有男子单人操、女子单人操、混合双人操、三人操和五人操五个项目，而且有特定的竞赛规则和评分方法，必须按照其规则要求进行组织编排、训练和比赛。

（1）按比赛规模分类。

第一，国际比赛。目前国际上规模较大的比赛有国际体操联合会组织的"健美操世界锦标赛"、国际健美操冠军联合会组织的"国际健美操冠军赛"、国际健美操联合会组织的"健美操世界杯赛"。

第二，国内比赛。我国正式的竞技性健美操比赛有"全国健美操锦标赛""全国健美操冠军赛""全国大学生健美操比赛""全国体育大会健美操比赛"，以及非正式的通级赛和各省市的比赛。

（2）按比赛项目分类。竞技性健美操比赛有男子单人操、女子单人操、混合双人操、三人操（3名运动员性别任意搭配）、五人操共5个传统项目。

（3）按参赛年龄分类。竞技性健美操，按参赛年龄分为成年组和少年组两个组别。运动员年满18周岁可参加成年组比赛，少年组比赛在成套难度动作的选择上有所限制。

3. 表演性健美操

除了健身性健美操和竞技性健美操外，我国还有一种表演性健美操，这是我国健美操历史发展过程中出现的一种特殊形式，在国外是没有的。表演性健美操的主要练习目的是"表演"，它是事先编排好的、专为表演而设计的成套健美操，时间一般为2~5min。表演性健美操注重表演的效果，所以对动作设计、队形变化、表演者的动作质量及表现力等要求较高。表演性健美操的动作较健身性健美操动作难度大，而比竞技性健美操动作难度小，但更强调动作风格、表现与音乐的协调统一，因此为保证表演效果往往要对音乐进行修改或重新制作，在成套动作中加入更多队形变化及风格化的舞蹈动作，如爵士、拉丁等，有时还会使用花环、彩带等。在表演性健美操中，以上所有元素都要通过表演者的身体语言、表情及眼神表现出来，所以表演性健美操中更强调表演者的表现力，这种综合的表现力可达到烘托气氛、感染观众、增强表演效果的目的。

表演性健美操的动作比健身性健美操的动作复杂多变，所以对参与者的身体素质要求较高。参与者不仅要具备较好的协调性，还要有一定的表演意识和集体配合意识。

（二）健美操的特点

1. 健身美体的实效性

健美操是随着时代的发展和人们对美学的追求日益增强，以人体解剖学、人体生理学、体育美学、体育心理学等多学科理论为基础，以健身美体为目的而创立的。与其他体育项目相比，健美操动作讲究健美大方，强调力度和弹性，趋向不停顿地连续走、跑、跳，使练习者消耗过剩的脂肪，增强肌肉力量，提高协调性、灵敏度，学会健美的体态表现。因此，可以说健美操对塑造人健美的体型，培养健美体态，提高人的审美意识作用较为明确突出。这种健身美体的实效性正是当代人进行体育锻炼的选择与追求。

2. 健心娱乐的群众性

健美操锻炼的娱乐性主要体现在健身操锻炼过程中接受美、体验美、享受美与表现美的愉悦中，体现在健美操带给人们热情奔放的情感体验中。

随着人类文明的不断进步，人们的文化素质日益提高，家务劳动社会化和双休日给人们提供了更多的娱乐时间，人们都在寻找适合自己的锻炼方式。健美操是时代的产物，它激情奔放的动作和明快奔放的音乐使人们在紧张的工作之余放松身心、调解情绪，符合现代人追求健美、自娱自乐的需要。健身健美操的运动负荷可以任意选择和调整，不同年龄、性别、形体、素质、个性、气质的练习者都可酌情选择参加锻炼。此外，健美操对场地、器材条件的要求不高，练习起来简单安全，适合不同地区、不同条件的单位和部门开展，具有广泛的群众性。

3. 节奏鲜明的时代性

健美操必须在音乐伴奏下练习。它的音乐一般取材于迪斯科、爵士、摇滚等现代音乐和具有上述音乐特点的民族乐曲，使健美操体现出一种鲜明的现代韵律感。健美操音乐的节奏明快、强劲，人们在练习过程中容易激发情绪，振奋精神。快速鲜明的节奏，热情奔放的情绪和充满活力的动作，这些与时代特征相吻合的特色，正是健美操得以迅速发展的原因之一。

二、健美操的主要功能

（一）增进健康美

"健康"即生理功能正常、无病理性改变和病态出现。随着经济的发展和社会的进步，现代健康已不仅仅是生理意义上的"健康"，而兼备健康的心理和行为。"健康美"是一种积极的健康观念和现代意识，"健康美"是肌体最有效发挥其机能的状态。一个具有"健康美"的人除了自我感觉良好、可轻松应付日常工作与生活外，还有充沛的精力参加各种社交、娱乐及闲暇活动，亦能自发地处理突发的应激状态。一个具有"健康美"的人应该具备的身体素质是良好的心肺耐力、肌肉力量、平衡性、灵敏性、柔韧性和协调性。心肺耐力的发展使心脏与循环系统有效运作，将肌体所需的营养物质、氧气及生物活性物质运送到肌肉和各组织器官，并把代谢产物运走，在肌体的生命活动中发挥重要作用。肌肉力量的发展不仅塑造强健的体魄，亦具备强大的活动能力，减缓肌肉与附着组织的退化和衰老过程，使身体动作机敏、灵活、富有朝气。

健美操作为一项有氧运动，其健身功效已被人们普遍认可。有氧运动最能发展人体的心肺功能，提高呼吸系统机能水平，促进心血管系统机能的提高，减少心肺呼吸系统疾病。健美操不仅具有有氧运动的功效，且兼备发展身体柔韧性和灵敏性的作用，可以说是目前发展身体全面素质的较为理想的运动。

（二）塑造形体美

"形体"分为姿态和体形。姿态，即人平时的一举一动表现出来的行为习惯，受后天因素的影响较大。而体形则是身体的外形，虽然体育锻炼可适当改善体形外貌，但相对来说，遗传因素起决定性作用。良好的身体姿态是形成一个人气质风度的重要因素。长期的健美操练习有益于肌肉、骨骼、关节的匀称，有利于改善不良的身体姿态，形成优美的体姿，从而在日常生活中表现出良好的气质与修养，给人以朝气蓬勃、健康向上的感觉。健美操还可以塑造健美的体形，使骨骼粗壮、肌肉围度增大，从而弥补先天体形缺陷，使人体变得匀称健美。

另外，健美操练习还可以消除人体内和体表多余脂肪。人体内脂肪的消耗是由很多因素导致的，最重要的一点就是人体新陈代谢的快慢，而有氧操强度不大，并可持续较长时间，能消耗体内多余脂肪，维持人体吸收与消耗的平衡，降低体重，保持健美的体形。

（三）缓解压力、娱乐身心

随着时代的发展和社会的进步，人们在享受科学技术带来的舒适生活和各种便利的同时，也受到了来自各方面的精神压力。长期的精神压力不仅会引发各种心理疾患，许多躯体疾病也与精神压力有关，如高血压、心脏病、癌症等。体育运动可以缓解精神压力，预防各种疾病的发生。

健美操作为一项体育运动，以其动作优美、协调，锻炼效果良好，同时有节奏强烈的音乐伴奏而著称，是缓解精神压力的一剂良方。在锻炼中，练习者会忘掉失意与烦恼，尽情享受健美操带来的欢乐，内心平静，精神压力得到缓解，从而具有更强的活力和最佳的心态。

目前，无论是国外还是国内，人们参加健美操锻炼的普遍方式是去健身房，在健美操教练的带领和指导下集体练习，而参与健美操锻炼的人来自社会各阶层。因此，这种形式扩大了人们的社会交往面，把人们从工作和家庭的单一环境中解脱出来，接触和认识更多人，开阔眼界，为生活开辟了另一个天地，大家一起跳、一起锻炼，共同欢乐、互相鼓励，有些人因此成为终生朋友。可见，健美操锻炼不仅能强身健体，还具有娱乐功能，可使人在锻炼中得到精神享受，满足人们的心理需要。

三、健美操的价值意蕴

（一）健身价值

1. 增强体质，增进健康

（1）健美操对消化系统的影响。一定负荷下的肌肉运动可以消耗大量的能量物质，提高肠胃对糖、脂肪和蛋白质的吸收能力。健美操运动的髋部全方位的活动比较多，经常参加健美操锻炼，可以大大刺激人体肠胃运动，促进营养物的吸收和利用，增强消化系统功能，提高对疾病的抵抗能力。

健美操是一项以有氧代谢为基础的运动项目，运动时可以提高呼吸肌的收缩能力，使呼吸肌变得有力，呼吸功能大大增强，肺活量明显增大，使肌体具有较强的氧代谢能力。人们经常参加健美操锻炼还可以使呼吸系统的神经调节中枢得到刺激，改善呼吸系统的调节机能。

（2）增强心血管系统机能。健美操是一种有氧运动，能对心脏和血管产生良好的影响。长期参加健美操锻炼，可以使心肌纤维增粗，心肌收缩力增强，心排血量增大，提高心脏泵血能力和身体氧代谢能力，促进人体新陈代谢；改善血管壁和血管的分布情况，提高血液与组织器官进行交换的能力；改善整个身体血管系统结构和机能，从而减少各种心血管系统疾病的发生。

（3）改善神经系统机能。人们长期参加健美操锻炼可以提高神经的灵活性、均衡性，因为健美操运动是在人的中枢神经系统的支配调解下进行的；反过来，人们通过健美操锻炼也能提高中枢神经系统的机能水平，对神经系统的结构和功能产生良好影响，使人的感觉敏锐、综合分析能力增强，提高神经过程的强度、集中能力、均衡能力和灵活性，从而发展人的协调性、灵敏性。

（4）增强运动系统功能。健美操运动强调动作的节奏和力度的结合，对动作所牵涉的骨骼、关节和肌肉群进行有节奏的自身负荷锻炼，其频率和强度的变化对一般人来说是非常适宜的。人们长期参加健美操锻炼可以使肌肉的力量增强、体积增大，使韧带肌腱等结缔组织富有弹性。人们经常参加健美操运动可以改善身体各部位肌纤维组织和关节的灵活性，并提高骨骼的抗折断、抗弯曲和抗扭转能力，以防伤害事故的发生。

2. 健美体形，端正体态

健美操训练可使儿童、少年形成正确的身体姿势；使青年人动作优美、体态矫健；使中年人延缓身体衰退，保持良好体态；使老年人骨骼结实，肌肉富有弹性，保持良好形体，使畸形不良的身体得以纠正。

与此同时，健美操是一项运动量较大，频率较快，动作幅度、力度较大的运动，因而消耗体能较大，有利于消除体内多余脂肪，使身体肌肉强健，达到塑造健美体形的目的。

3. 陶冶情操，提高素养

健美操是一项具有艺术性的体育项目。它是在音乐伴奏下进行的身体练习，通过优美、明快的音乐节奏，活泼愉快的形体动作，使人的身心得到全面调节。人们经常参加健美操运动，可以增强节奏感、韵律感，提高认识美、鉴赏美、表现美和创造美的能力，精神面貌和气质修养都会得到改善和提高。

（二）教育价值

健美操作为学校体育的一种手段，是集体操、音乐和舞蹈于一体的运动，因此，它是体育项目中培养学生德育、智育、美育等最合适的运动，为提高学生的综合素质创造了良好的条件。

1. 德育价值

健美操中音乐激昂，步法丰富，每个动作都充满激情，使练习者的机体在锻炼中得到表现。健美操可以帮助人们宣泄激情，疏导人们的不良情绪，引导人们积极进取。健美操的集体练习形式能够帮助人们建立友谊，促进人际交往，在练习过程中，大家互相纠正、互相帮助、共同克服困难，以弥补现行德育教育中实践的缺陷。

2. 智育价值

健美操动作变化快，动作受大脑支配，所以健美操练习总是伴随着复杂的智力活动，有利于提高智力。人作为创造性活动的主体，在改造健美操使之更符合人体需要的过程中，激发了自身的创造力。

3. 美育价值

健美操以徒手练习为基础，吸收了古典舞、民族舞、现代舞、爵士舞的基本动作。为实现身体匀称、协调、健美的发展而进行的动作操化练习，可以有效地消除人体多余脂肪，塑造优美的体态，树立良好的举止和形象。所以，人们在健美操中可以体验健美操鲜明的节奏、动作和幅度所带来的美感，满足自身对美的表现欲望，这是健美操特有的美育效果。

（三）娱乐价值

第一，健美操的形式优美感。人们在健美操练习中能够展示美、表现美，内心产生愉快的情绪体验，达到娱乐身心的目的。

第二，健美操的自主性。在健美操练习中，个体的自主性得到最大限度的发挥。在遵守规则的前提下，人们可以对音乐、动作或练习形式进行选择，体验到其中的乐趣。

第三，健美操的丰富性。健美操是由无数不同风格和难度的单个和成套动作组成的，其动作变化及巧妙的连接形成通过练习可攻克的难度。在优美欢快、丰富多彩的音乐伴奏下，人们可以体会各种不同的身体运动的节奏和快感，欣赏变化多端的美的姿态，体验各种不同的美，从而使身心得到愉悦和满足。

（四）社会价值

1. 社会文化价值

体育文化是针对体育运动领域形成的一种社会文化，是人们在进行体育运动时形成的精神、物质、制度的总和。体育文化主要包括体育认识、体育情感、体育价值、体育理想、体育道德、体育制度和体育的物质条件等。体育文化符合社会的发展需求。人有多种多样的需求，不但要维持生存，还有安全方面、思想意识方面、交际方面等的需求，大众健美操符合人们各个方面的需求。因为大众健美操具有很强的社会性和流行性，其社会价值主要体现在别具一格的创意、无尽的美学魅力以及休闲放松功能上，也就是说，大众健美操的出现是社会文化需求的结果。

2. 社会经济价值

大众健美操运动具有"人为性"的特点，它的运动形式是人们根据需要而人为地创造动作去练习。为了达到增强体质的目的，可以通过科学地改变身体姿势、动作方向、动作路线、动作频率、动作速度和动作节奏进行调节，以创编适合不同人群或个体需要的练习形式。此外，大众健美操可以在室外、室内、广场、大厅、娱乐场所、健身房，甚至在家庭的居室中进行；练习的人数可多可少，时间可长可短，这种广泛的适应性是一般运动项目难以比拟的。

大众健美操作为身体操练的体育项目之一，其界定范围比较广泛，在诸多体育健身运动项目的市场竞争中有良好的前景。这种体育产业的兴起与发展对我国国民经济将会有巨大的推动作用，并且有利于我国体育产业的进一步发展壮大，并满足民众对体育运动的需求。

3. 社会沟通价值

大众健美操是一种开放性的、集体性的活动，在轻松和谐的环境中，人们在与同伴共同参与的过程中，扩大了交际范围，拉近了彼此的距离，实现了广泛的交往。在健美操运动中，技艺的相互切磋、技巧的相互传递、配合中的默契、合作中的协调等，有助于人们调节自身情绪、消除紧张心理、克服心理障碍、建立良好的友谊，从而增强人的社会属性，推动整个社会的精神文明建设。

第二节 健美操基本动作

健美操基本动作是健美操的核心，也是健美操运动的基础，是最小单元的元素动作。千姿百态的健美操组合动作都是在基本动作的基础上变化和发展的，只要正确地掌握这些基本动作，将它们按一定的需要进行不同的组合和运用，就能创编出不同难度、不同强度、不同风格及不同视觉效果的健美操。学习者通过基本动作练习可以掌握正确的动作规格，尽快形成动作技术概念，养成良好的基本姿态，为学习健美操成套动作打下扎实基础。

一、健美操基本动作的特点与作用

健美操基本动作，是指动作中最主要、最稳定的部分，所有动作都以此为核心加以扩展，它是掌握其他动作的基础。健美操基本动作包括基本姿态动作、基本难度动作、基础动作三大部分。

健美操中的基本姿态动作，是指身体在静态和动态时的各部位姿势，它可以通过舞蹈的姿态进行训练。基本难度动作，是指与竞技性健美操中规定的特定动作相应的具有一定难度的动作。基础动作是根据人体结构活动特点而确立的具有代表性的动作，共分为七个部位的动作：头颈、肩、胸、腰、髋，以及上、下肢动作。

健美操基本动作的正确与否，不仅会影响人的健美姿态，还会影响动作的难易程度和锻炼效果。因此，正确地掌握健美操的基本动作，是健美操学习过程中至关重要的一环。

（一）健美操基本动作的特点

第一，基本动作是健美操中最典型、最核心的部分。健美操中所有动作的变化和创新都是在基本动作的基础上产生和发展的，身体某个部位的基本动作通常都具有该部位的共性特征，是最具代表性和典型性的。

第二，基本动作是发展健美操难度和组成复合动作的基础。练习者在初学健美操时，首先应掌握身体各部位的基本动作，只有这样，才能抓住健美操的特点，加速发展动作难度，更好地掌握组合练习。

第三，基本动作是健美操动作中最重要、最稳定的部分。健美操的突出特点之一就是全面地影响身体，使练习者更加健美。例如，在踢腿的基本动作中掌握正、侧、后三个基本面的动作就能较全面地影响身体，在此基础上还能发展各种各样的踢腿动作，而这些动作都离不开这三个基本面的踢腿。

（二）健美操基本动作的作用

第一，可以帮助练习者掌握正确的技术动作，使练习者尽快建立良好的身体姿态。由于健美操基本动作涉及身体各部位，在完成某一部位练习的同时应注意加强身体基本姿态的培养，练习者应自始至终养成良好的基本姿态，真正达到健身塑形的目的。

第二，健美操基本动作是健美操动作组合的基础。通过健美操基本动作练习，练习者可以更快、更好地学会动作组合和整体动作。

第三，健美操基本动作练习是进行动作韵律练习较好的手段。练习者开始练习此内容时，更多地以单个动作反复练习，学习如何用力，体会动作内在的感觉，进而掌握整个动作韵律。健美操的韵律练习是健美操教学和训练过程中最重要的部分，同时也是最难练的部分。

第四，熟练掌握健美操基本动作的规格、所用拍数，有助于更好地编排动作组合。

由此可见，健美操基本动作具有极其重要的作用。不管是健美操的编排者还是练习者都应该正确、熟练地掌握健美操的基本动作。

二、健美操基本步法的主要内容

健美操基本步法，根据人体运动对地面的冲击力大小可分为无冲击力步法、低冲击力步法、高冲击力步法三大类。

（一）无冲击力步法

无冲击力步法，是指两只脚始终接触地面或不支撑体重的动作，身体重心在两脚之间，无腾空动作，主要包括并腿和分腿两大类。

1. 并腿类

并腿类动作，两腿始终接触地面，并且两脚始终并拢，脚尖朝前。膝关节要有弹性地屈伸，把握好弹动的技术。

（1）弹动：膝关节有弹性地屈伸。两膝与踝关节自然屈伸。

第一，膝弹动：两腿并拢，膝关节有弹性地屈伸。膝关节由弯曲到还原，还原时膝关节应处于微屈状态。

第二，踝弹动：两腿伸直或屈膝，踝关节有弹性地屈伸。脚尖或脚跟抬起时，保持身体的稳定性和踝关节的弹性。

（2）提踵：两脚脚跟抬起，落下脚跟时稍屈膝。

技术要点：两腿夹紧，重心上提时腹部收紧，落下时屈膝缓冲。

动作变化：单脚提踵、双脚提踵。

2. 分腿类

分腿类动作，是指两腿分开，膝关节有弹性地屈伸。膝关节屈伸要有较好的弹性，重心移动要平稳自如。

（1）半蹲：两腿分开或并拢，有控制地屈伸，可分为并腿半蹲和分腿半蹲。

技术要点：分腿半蹲时，两腿左右分开，稍大于肩宽，脚尖稍外开，膝关节角度不小于90°，方向与脚尖方向一致，臀部向后45°并向下蹲，上体保持直立。

动作变化：并腿半蹲、迈步半蹲、迈步转体半蹲、小分腿半蹲、大分腿半蹲。

（2）弓步：两脚前后分开，平行站立，下蹲。

技术要点：半蹲时，后腿膝关节向下，大腿垂直于地面；重心在两脚之间，前腿膝关节弯曲不能超过90°，膝关节不能超过脚尖。

动作变化：原地前后弓步、原地左右弓步、转体弓步，上步弓步、后撤弓步、向侧伸弓步。

（3）移动重心：以两腿开立为初始动作，两腿屈膝下蹲之后，身体向右侧移动重心，然后两腿伸直，右脚全脚掌着地，右腿脚尖点地。

技术要点：身体重心的移动要保持平稳。

动作变化：左右移重心、前后移重心。

（二）低冲击力步法

低冲击力步法，是指在做动作时始终有一只脚接触地面，根据它的完成形式可以分为以下四类。

1. 踏步类

踏步类动作，两脚依次抬起，在下落时膝、踝关节有弹性地缓冲。

技术要点：注意两腿的相对位置以及脚尖膝盖的朝向，做动作时膝关节、踝关节要有弹性地缓冲；另外，根据动作的需要，躯干部分要有适当的起伏变化，与基本步法协调。

（1）踏步：两腿原地依次抬起、依次落地，分为向前、后、左、右走的踏步。

技术要点：落地时，由脚尖过渡到脚跟着地，屈膝时胯微收，踝、膝、髋关节依次有弹性地缓冲，两臂自然前后摆动。

动作变化：踏步转体、踏步分腿、踏步并腿、弹动踏步。

（2）走步：踏步移动身体，迈步向前走时脚跟先落地，过渡到全脚掌着地；向后走时则相反。

技术要点：落地时，踝、膝关节有弹性地缓冲。

动作变化：向前向后走步、向侧前和侧后走步、向左右转体或弧线走步。

（3）一字步：一脚向前一步，另一脚并于前脚，然后依次还原。一字步又称为前前后后。

技术要点：向前迈步时，先脚跟着地，过渡到全脚掌着地；前后均要有并腿过程；每一拍动作膝关节始终有弹性地缓冲。

动作变化：向前向后的一字步、转体的一字步。

（4）V字步：一脚向前侧方迈一步，另一脚随之向另一方迈一步，两脚开立，屈膝，然后依次退回原位。V字步又称为大字步。

技术要点：一脚迈出，另一脚随之迈出成一条平线，两脚距离略比肩宽，分开后成分腿半蹲，重心在两腿之间，然后依次收回；两膝自然弯曲，膝、踝关节始终保持弹动状态。

动作变化：倒 V 字步、转体 V 字步、跳的 V 字步。

（5）曼步：一脚向前迈出，屈膝，重心随之前移，另一脚稍抬起，然后原地落下；或向后撤一步，重心后移，另一脚稍抬起，然后原地落下。

技术要点：两脚始终保持交替落地，身体重心随动作前后移动，但始终在两脚之间。

动作变化：转体的曼步、跳跃的曼步。

（6）恰恰步：一脚向前迈一步，后半拍另一只脚在前脚后方快速跟进一步或跳起并步，然后前脚再向前一步。

技术要点：在 2 拍节奏中，快速踏步 3 次。注意掌握节奏，第一拍两动，第二拍一动；通常和曼步连用。

动作变化：向前、向后、向侧的恰恰步。

2. 迈步类

迈步类，是一条腿迈出一步，重心移到这条腿上，另一条腿用脚跟、脚尖点地或吸腿、屈腿、踢腿等，然后朝另一个方向迈步的动作。

技术要点：注意重心之间的转换和跟进。

（1）并步：一脚迈出，另一脚随之并拢屈膝点地，再朝相反方向迈步。

技术要点：一脚并于另一脚，重心要随之移动，两膝保持弹动，动作幅度和力度随动作风格而定。

动作变化：左右并步、前后并步、两侧并步、转体并步。

（2）迈步点地：一脚向侧迈一步，两脚经屈膝移重心，另一腿在前、侧或后用脚尖或脚跟点地。

技术要点：两膝同时有弹性地屈伸，重心移动轨迹呈弧形；上体不要扭转。

动作变化：左右迈步点地、前后迈步点地、迈步转体点地。

（3）迈步后屈腿：一脚迈出一步，另一腿后屈，然后朝相反方向迈步。

技术要点：经过屈膝半蹲，支撑腿稍屈膝，后屈腿的脚跟靠近臀部。

动作变化：侧迈步后屈腿、前后移动后屈腿、转体后屈腿。

（4）迈步吸腿：一脚迈出一步，另一腿屈膝抬起，然后朝相反方向迈步。

技术要点：经过屈膝半蹲，还原时支撑腿稍屈膝。

动作变化：向前迈步吸腿、向侧迈步吸腿、向侧前迈步吸腿、转体的吸腿。

（5）侧交叉步：一脚向侧迈一步，另一脚在其后交叉，随之再向侧迈一步，另一脚并拢，屈膝点地。

技术要点：第一步脚跟先落地，身体重心快速随着脚步而移动，保持膝、踝关节的弹动。

动作变化：左右交叉步、转体交叉步。

3. 点地类

点地类动作，两腿有弹性地屈伸，点地时，一腿屈膝，另一腿伸直。

技术要点：整个动作过程中，膝盖要有弹性地屈伸，包括动作完毕时，两腿膝盖也应处于微屈状态，而不应过分伸直，否则会破坏健美操特有的弹性。

（1）脚尖点地：一腿稍屈膝站立，另一腿伸出，脚尖点地，然后还原到并腿姿势。

技术要点：支撑腿始终保持屈膝站立，并且随动作有弹性地屈伸。

动作变化：脚尖前点地、脚尖侧点地、脚尖后点地。

（2）脚跟点地：一腿稍屈膝站立，另一腿伸出，脚跟点地，然后还原到并腿姿势；只可做向前和向侧的脚跟点地。

技术要点：支撑腿始终保持屈膝站立，并且随动作有弹性地屈伸；动作始终保持高度的弹性和节奏感。

动作变化：脚跟前点地、脚跟侧点地。

4. 抬腿类

抬腿，就是一腿站立、另一腿抬起的动作。

技术要点：这一类动作要求支撑腿有控制地屈膝弹动，另一腿以各种形式抬起，同时收腹、立腰。

（1）吸腿：一腿站立，另一腿屈膝向上抬起，落下还原。

技术要点：支撑腿保持屈膝弹动，大腿上抬至与地面平行，小腿自然下垂，绷脚尖，上体保持正直。

动作变化：向前吸腿、向侧吸腿、向侧前吸腿、转体的吸腿。

（2）踢腿：一腿稍屈膝站立，另一腿直膝抬起加速上踢，然后还原。

技术要点：抬起腿要有控制，保持上体正直；主力脚脚跟不能离地，膝关节微屈缓冲；踢腿的幅度要因人而异，避免受伤。

动作变化：前踢、侧踢。

（3）摆腿：一腿稍屈膝站立，另一腿做摆动，然后还原成并步。

技术要点：摆腿时上体顺势前倾、后倾或侧倾。主力腿屈膝缓冲，摆动腿抬起时幅度不要过大且要有控制。

动作变化：向前摆腿、向侧摆腿。

（4）弹踢腿：一腿站立，另一腿先向后屈，再向前下方弹踢，还原。

技术要点：腿弹出时要有控制，两膝盖紧靠，弹踢腿，脚尖伸直，保持上体正直。

动作变化：向前弹踢、向侧弹踢、转体弹踢、移动弹踢。

（三）高冲击力步法

高冲击力步法，是指有一瞬间两只脚同时离开地面，有腾空的动作。高冲击力步法是由低冲击力步法演变而来的，可分为以下四种类型。

1. 迈步起跳类

（1）并步跳：一脚向前侧迈一步同时跳起，另一脚迅速并拢成双脚落地。以右脚起步为例，右脚迈出，随之蹬地跳起，左脚并右脚，并腿落地。

技术要点：身体重心随身体迅速移动，落地时注意缓冲。

动作变化：向前并步跳、向后并步跳、向侧并步跳。

（2）迈步吸腿跳：左脚向前迈出一步，之后身体重心跟进，右腿抬起至90°时，支撑腿跳起。

技术要点：跳起时，上体保持正直，收腹立腰。

动作变化：向前迈步吸腿、向侧迈步吸腿。

（3）迈步后屈腿跳：一腿侧迈一步，另一腿向后屈膝，同时两腿起跳，缓冲落地。

技术要点：两腿跳起时，屈膝腿脚尖绷直，落地时，两腿膝关节微屈，不宜伸直。

动作变化：向前迈步后吸腿、向侧迈步后吸腿。

2. 双腿起跳类

双腿起跳类动作，是指两脚起跳、两脚落地的动作。两腿的动作基本一致，两脚需要腾起一定高度，落地时注意屈膝缓冲。

（1）并腿跳：两腿并拢同时跳起，屈膝，然后落地缓冲。

技术要点：起跳时，两脚同时用力，落地缓冲有控制。

动作变化：向前并腿跳、向后并腿跳、向侧并腿跳。

（2）开合跳：由并腿跳起，分腿落地，再由分腿跳起，并腿落地。开合跳又称为分并腿跳。

技术要点：分腿屈膝蹲时，两脚自然外开，膝关节沿脚尖方向屈，夹角不小于90°，膝关节有弹性地缓冲，脚跟落地。

动作变化：原地开合跳、转体开合跳。

（3）弓步跳：并腿向上跳起，前后成分腿姿势落地，接着再向上跳起，并腿落地。

技术要点：落地时，膝关节有弹性地缓冲，分腿落地时双脚的脚尖都朝前方，并且基本在一条直线上。

动作变化：左右弓步跳、前后弓步跳、侧弓步跳。

（4）分腿跳：分腿站立屈膝半蹲，向上跳起，分腿落地屈膝缓冲。

技术要点：屈膝半蹲时，大、小腿夹角不小于90°。

3. 单腿起跳类

单腿起跳类动作，是指先抬起一腿，紧接着另一腿跳起的动作。

（1）吸腿跳：一腿屈膝抬起，落下还原，另一脚离开地面，向上跳起。

技术要点：支撑腿保持屈膝弹动，大腿上抬至与地面平行，上体保持正直，注意身体的稳定性。

动作变化：向前吸腿跳、向侧吸腿跳、向前侧吸腿跳、转体吸腿跳。

（2）屈腿跳：一腿站立（跳起），另一腿向后屈膝，放下腿还原。

技术要点：支撑腿保持弹性，两膝并拢，脚跟靠近臀部；屈膝腿的膝关节不宜超过支撑腿的膝关节，落地时注意缓冲。

动作变化：左右依次后屈腿跳、转体后屈腿跳。

（3）弹踢腿跳：两腿起跳，单腿落地，另一腿小腿后屈，然后小腿前踢伸直，一腿经屈膝后向前下方弹直，同时支撑腿跳起。

技术要点：两脚落地的过程，弹踢腿脚尖伸直，上体保持正直。

动作变化：向前弹踢腿跳、向侧弹踢腿跳、转体弹踢腿跳、移动弹踢腿跳。

（4）摆腿跳：一腿自然摆动，另一腿向上跳起，落地时两腿屈膝缓冲。

技术要点：保持上体正直，主力腿屈膝缓冲，摆动腿抬起时幅度不要过大且要有控制。

动作变化：向前摆腿、向侧摆腿。

4. 跑步类

跑步类动作，是指两腿腾空，依次落地缓冲，两臂屈肘摆臂。落地屈膝缓冲时，脚跟应尽量落地。

（1）后踢腿跑：两脚依次经过腾空后，一脚落地缓冲，另一腿小腿后屈，两臂配合下肢前后摆动。

技术要点：膝、踝关节有弹动地缓冲，落地时由前脚掌着地。

动作变化：原地跑、向前跑、向后跑、弧线跑、转体跑。

（2）小马跳：一脚向侧小跳一次，另一脚随之并上垫步跳一次；随后朝反方向做一次，动作相同，方向相反。小马跳又叫作点跳。

技术要点：两脚轻松蹬地，身体重心随之平稳移动，注意膝、踝的弹动。

动作变化：原地小马跳、向前小马跳、向侧小马跳、向后小马跳、转体小马跳。

三、健美操的肢体与躯干动作

健美操基本动作，主要由上肢动作、下肢动作及躯干动作组成。练习者通过健美操基本动作练习可以熟练掌握健美操的基本技术、动作规格，健美操套路的特点和风格，因此对健美操项目的提高是十分必要和重要的。

（一）上肢基本动作

健美操上肢基本动作，包括基本手形和常用上肢动作，它既能使动作变化多样，又可改变动作的强度和难度，提高动作的观赏性。

1. 基本手形动作

健美操中的手形有多种，是从芭蕾舞、现代舞、武术中吸收和发展而来的。手形是手臂动作的延伸和表现，如果运用得好，会使健美操动作更加丰富多彩、生动活泼、具有感染力。

（1）拳形。四长指并拢握拳，拇指在外紧贴于食指和中指第二关节处。拳形包括实心拳和空心拳。

（2）掌形。

开掌：五指用力伸直，充分张开。

并掌：五指伸直并拢，大拇指微屈，指关节贴于食指旁。

（3）其他手形。

响指：拇指与中指摩擦、与食指打响，无名指、小指屈指。

"V"指：食指、中指伸直分开，其余三指相叠。

西班牙舞手形：五指分开，小指伸直向掌心回弯到最大限度，无名指和中指自掌指关节处依次屈伸，拇指稍内扣。

芭蕾舞手形：五指微屈，后三指并拢、稍内收，拇指内扣。

剑指：食指、中指并拢伸直，其余三指相叠。

立掌：五指伸直，手掌用力上翘。

2. 常用上肢动作

上肢（手臂）动作：举、屈、摆、绕、绕环、振、旋、推、伸、低摆、上提、下拉、冲拳、交叉。

（1）举：以肩为轴，臂的活动范围不超过180°而停止在某一部位的动作。举包括单臂和双臂的前、后、侧以及不同中间方向的举（如前上举、侧上举等）。

（2）屈：关节产生了一定弯曲角度的动作。包括肩侧屈、肩上侧屈、肩下侧屈、肩上前屈、胸前屈、胸前平屈、腰间屈、头后屈。

（3）摆：以肩关节为轴，单臂和双臂同时或依次向前、后、左、右的180°以下的弧形运动的动作。

（4）绕：以肩关节为轴，双臂或单臂向内、外、前、后做180°以上、360°以下的弧形运动的动作。

（5）绕环：以肩关节为轴，双臂或单臂向前、向后、向内做大于360°的弧形运动的动作。

（6）振：以肩为轴，手臂用力摆至最大幅度的动作。振包括上举后振、下举后振、侧举后振。

（7）旋：以肩或肘为轴做臂的旋内或旋外的动作。

（8）推：手掌由肩侧同时或依次推至某位置的动作。

（9）伸：关节角度增大的动作。

（10）低摆：屈肘，在体侧自然地摆动，可同时摆动或依次摆动。

（11）上提：屈臂或直臂由下举提至胸前或体侧的动作。

（12）下拉：屈臂或直臂，由上举或侧上举拉至胸前或体侧的动作。

（13）冲拳：屈臂握拳，由腰间同时或依次冲至某位置的动作，如向前冲拳、向上冲拳。

（14）交叉：两臂重叠成 X 形的动作。

（二）下肢基本动作

1. 站立

（1）直立：头颈、躯干和脚的纵轴保持在一条直线上。

（2）开立：两脚左右分开，与肩同宽或大于肩宽。

（3）提踵立：两脚跟提起，用前脚掌站立。提踵立的要求包括：①站立时，头正直，上体保持挺直、沉肩、挺胸、收腹、收臀、立腰、立背、直膝。②提踵立时，两腿内侧肌群用力收紧，起踵越高越好。

（4）点地立：一腿直立（重心在站立脚上），另一腿朝各方向伸直，脚尖点地，包括前点立、侧点立、后点立。

2. 弓步

弓步，是指一腿向某方向迈出一步，膝关节弯曲成90°左右，膝部与脚尖垂直，另一腿伸直，包括左、右腿的前、侧、后弓步。

弓步的要求：弓步时，前弓步和侧弓步的重心在两腿之间，后弓步的重心在后腿。

3. 跪立

跪立，是指大腿与小腿成直角的跪姿，包括双腿跪立、单腿跪立。

（三）躯干基本动作

1. 头颈部动作

（1）屈：头颈关节角度的弯曲，包括向前、后、左、右的屈。

（2）转：头颈部绕身体垂直轴的转动，包括向左、右的转。

（3）绕和绕环：头以颈为轴心的弧形和圆形运动，包括左、右绕，左、右绕环。

头颈部动作的要求：做各种形式的头颈动作时，上体保持正直，速度要慢，头颈移动的方向要准确，颈部被动肌群充分伸展。

2. 肩部动作

（1）提肩：肩胛骨做向上的运动，包括单肩、双肩的同时提和依次提。

（2）沉肩：肩胛骨做向下的运动，包括单肩、双肩的同时沉和依次沉。

（3）绕肩：以肩关节为轴做小于 360° 的弧形运动，包括单肩向前、后绕，双肩同时或依次向前、后绕。

（4）肩绕环：以肩关节为轴做 360° 及 360° 以上的圆形运动，包括单肩向前、后绕环，双肩同时或依次向前、后绕环。

（5）振肩：是指固定上体，肩急速向前或向后的摆动，包括双肩同时前、后振和依次前、后振。

肩部动作的要求：①提肩时尽力向上，沉肩时尽力向下，动作幅度大而有力。②绕肩时上体不能摆动，两臂放松，头颈不能前探；动作连贯，速度均匀，幅度大。③振肩动作要有速度、力度和弹性。

3. 胸部动作

（1）含胸：两肩内合，缩小胸腔。

（2）展胸：两肩外展，扩大胸腔。

（3）移胸：髋部固定，做胸部向左、右的水平移动。

胸部动作的要求：练习时，收腹、立腰；含、展、移胸要达到最大极限。

4. 腰部动作

（1）屈：下肢固定，上体沿矢状轴和水平轴的运动，包括前、后、左、右的屈。

（2）转：下肢固定，上体沿垂直轴的扭转，包括左、右转。

（3）绕和绕环：下肢固定，上体沿垂直轴做弧形和圆形运动，包括左、右绕，左、右绕环。

腰部动作的要求：①练习时，身体远端尽力向外延伸，绕环幅度要大，充分而连贯，速度放慢。②腰前屈，绕环时上体立直。

5. 髋部动作

（1）顶髋：髋关节做急速的水平移动，包括前、后、左、右顶髋。

（2）提髋：髋关节做急速向一侧上提的动作，包括左、右提髋。

（3）摆髋：髋关节做钟摆式的连续移动动作，包括左、右侧摆和前、后摆。

（4）绕髋和髋绕环：髋关节做弧形、圆形运动，包括左、右绕，左、右绕环。

髋部动作的要求：髋关节做顶、提、绕和绕环时，应平稳、柔和、协调，稍带弹性，上体要放松。

四、健美操基本动作的注意事项

（一）动作的规范性

动作的规范性建立在动作的标准性基础之上，因此练习时肢体的位置、方向及运动的路线一定要准确。此外，还要注意动作速度、肌肉力度和动作幅度，使肌肉充分拉长与收缩，只有这样才能达到动作的整体效果。

（二）动作富有弹性

动作富有弹性，是健美操的特点之一，动作的弹性所涉及的身体部位有踝关节、膝关节、髋关节、肘关节、肩关节以及脊柱。练习者在练习时应注意控制肌肉的收缩与放松，使动作富有弹性，节奏均匀，避免动作过分僵硬和关节过度伸展。练习者在进行高冲击有氧练习和力量性练习时，应调整好呼吸，使健美操运动达到最佳效果。

（三）动作的节奏感

掌握好动作节奏对健美操运动非常重要。练习者要想表现出较好的动作节奏感，必须具有一定的肌肉控制能力、音乐节奏感及动作的完成能力。因此，在开始练习时，要重视开发、训练练习者的动作节奏感，使他们在听懂音乐节奏的基础上慢慢掌握动作的节奏感。

第三节　健美操教学

一、健美操教学的基本原则

健美操教学应贯彻的原则有：主导性与主体性原则，整体性原则，循序渐进原则，巩固与提高原则，直观与思维相结合原则。

（一）主导性与主体性原则

主导性与主体性原则主要包括：健美操教学过程是教师与学生相结合的双边活动，缺一不可。

贯彻主导性与主体性原则的要求如下：

第一，教师要精通业务、不断创新，努力提高自身的政治素质和职业道德，做到既教书又育人。

第二，教师要通过各种措施，使学生对健美操教学中已提出的任务形成思考的态度和稳定的兴趣，使他们理解进行健美操运动的真正含义，理解健美操在完善身体和充分发展个性方面的作用和意义。

第三，教师在调动学生主动性时，不仅要了解健美操教学的规律性，还要看到人的认识过程的规律性。教师要努力在教学对象与教学内容之间寻找最佳结合点，使教学内容、方法和要求符合学生的实际，既不过难过高，又不过易过低，以激发学生的自觉积极性。

第四，启发学生积极思考，钻研学习内容，精益求精地掌握技术技能。

第五，教师通过让学生组织教学、创编健美操动作及举办比赛等活动，培养其独立学习、锻炼的能力。

（二）整体性原则

教师在健美操教学中应使学生了解和掌握健美操的理论体系，学会实践的技能和方法，使相关知识与本学科知识交叉渗透，优化教学组合，形成健美操立体的、完整的知识结构体系，真正掌握健美操知识、技术和技能，达到整体性教学效果；同时，还要加强各种能力的培养，重视思想素质、科学文化素质、心理素质、审美素质等综合素质的全面提高。

贯彻整体性原则的要求如下：

第一，教师要注意自身综合素质的提高，掌握现代教学规律，及时了解本学科的最新发展，并将最新研究成果充实到教学中；要不断扩展视野，吸收新知识，使广博的知识与专业知识结合起来，努力提高健美操教学水平。

第二，教师在健美操教学中，要始终贯穿综合素质教育的内容，特别是要加强学生审美素质教育。健美操是融音乐、舞蹈、造型、服装等于一体，通过人体的肢体动作来表现艺术美的运动项目。

（三）循序渐进原则

在健美操教学中，教学内容、教学方法和运动负荷的安排等，都应符合系统性和连贯性要求，符合学生的身心特征，由浅入深、由小到大、由简到繁，逐步提高和发展。

贯彻循序渐进原则的要求如下：

第一，在安排健美操教材内容时，应由单个动作、组合动作到成套动作。

第二，在安排每节课和每个学期的教材内容和教法时，应先后衔接，逐步提高。

第三，有节奏地逐步提高运动负荷。运动负荷由小到大逐步提高，是贯彻此原则的重要体现。

（四）巩固与提高原则

在健美操教学中，教师要想使学生牢固地掌握健美操知识、技术和技能，并在实践中熟练地应用，必须使动作和技能在大脑皮质中建立动力定型，并且不断地强化与提高。

贯彻巩固与提高原则的要求如下：

第一，每个动作必须有足够的练习时间，使正确技术在练习中得到多次重复，从而在大脑皮质中建立牢固的动力定型。

第二，健美操动作在实际应用中不是一成不变的，要使运动技能在千变万化的组合成套动作中稳定地表现出来，学生必须在练习中变换方式，通过改变动作的开始、结束姿势，改变动作速度、节奏和连接技术，使已获得的运动技能适应各种条件的变化，逐步达到运用自如。

第三，组织学生复习。在掌握了单个动作、组合动作、成套动作之后，还应反复练习，这种反复练习并不是简单、机械的重复，而是在原有的基础上逐步加大练习难度，提高练习要求。

第四，通过考核、表演或教学比赛等形式，促使学生对已学过的健美操动作进行系统复习，提高熟练性。

第五，在课堂教学的基础上，布置课外作业，使课外练习成为课堂的延续。这是巩固知识、技能的一个重要环节。

（五）直观与思维相结合原则

在健美操教学中，教师要尽量使学生利用多种感官和已有经验，通过多种形式的感知，丰富感性认识，获得生动的表象，并与积极的思维结合起来，从而掌握健美操的知识、技术和技能，发展观察和思维能力。

贯彻直观与思维相结合原则的要求如下：

第一，教师运用直观教学手段时，要按照教学任务、教学特点和学生的具体情况，有区别有目的地进行。

第二，直观教学要与启发学生思维相结合。在健美操教学中，教师通过直观的演示、生动的讲解，指导学生进行观察，并引导他们对直观教材进行比较、分析、综合、概括等思维活动，使学生掌握健美操的本质和规律。

第三，直观与练习相结合。学生在接受了直观教学信息后，必须经过反复的身体练习。通过身体练习，肌肉的本体感觉感知动作要领、用力方法、动作节奏等更加清晰，从而建立起技术动作正确的表象和概念。

二、健美操教学方法的类型

健美操的教学方法，就是教师教的方法和学生学习、练习的方法。教师教的一些方法总称为教授法，学生学的一些方法总称为练习法。除此之外，还应包括一些用以了解教学效果的方法，称为评价法。以下从这三个方面论述健美操教学中常用的一些方法。

（一）教授法

1. 讲解法

讲解法是指教师运用语言向学生说明教学目的、任务、动作名称、作用、要领及要求等，以指导学生掌握基本知识、技术、技能并进行练习的方法。

讲解法的要求如下：

（1）讲解要有目的性。讲什么，怎么讲，讲多少，都应围绕教学任务、内容、要求以及学生在技术上存在的问题等情况进行针对性讲解。

（2）讲解要简洁、易懂和生动。教师讲解的内容应简明扼要，通俗易懂，突出重点、难点和关键点，力求少而精，要熟练运用健美操专业和体育专业术语。同时，教师语言的表达应富有艺术性和感染力，应有利于提高学生的学习兴趣和激发其学习积极性。

（3）注意讲解的时机和效果。教学时机是指教师在教学过程中，根据学生自身的年龄特征及教学目标，选择能产生最大教学效益的时间。教师应根据教学过程的实际情况和具体特点，善于抓住讲解时机，采用不同讲解方法，提高讲解效果。例如，健美操动作技术的讲解可以在示范后进行，也可以边做边讲。宣布课的教学任务时，应在课的开始部分语言简练、果断有力地讲解。在学生进行练习时，对于个别学生出现的问题进行单独讲解。

（4）讲解要有启发性。教师讲解时要善于启迪学生的思维，可适当采取设问激疑方式启发学生积极思考，使学生听、看、想、练有机结合起来，取得良好的讲解效果。

2. 示范法

示范法是指使学生了解所要学习的动作形象、结构、要领和方法，用以学习和指导学生进行练习的方法。

（1）示范法的分类。示范法分为完整示范法和分解示范法。

第一，完整示范法。完整示范法是指从动作的开始到结束，不分部分和段落，完整地进行示范的方法。完整示范法能使学生建立完整的动作概念。

第二，分解示范法。分解示范法是指把结构比较复杂的动作或组合按身体环节合理地分解成几个局部动作分别进行教学，最后达到全部掌握动作的方法。分解示范法便于学生了解动作细节，从而更加准确、完整地掌握动作。

（2）示范法的教学要求。

第一，示范法是动作的典范。教师的示范不能一带而过，要力求做到准确、熟练、轻松、舒展和优美，给学生留下深刻印象，使学生看完示范后就产生跃跃欲试的感觉。

第二，示范要有明确的目的。教师的每次示范都应明确所要解决的问题，示范什么、怎么示范、目的是什么，都应根据具体的教学任务、步骤以及学生的水平来安排。

第三，示范时应考虑示范位置、示范面和示范速度。示范位置的选择要有利于学生的观察，尽量让学生都看到。一般可站在等腰三角形的顶点。教学中常用的示范面有正面、背面、侧面和镜面四种。

第四，示范与讲解相结合。在健美操教学中，示范与讲解相结合，能发挥学生的视觉、听觉等多种感知觉的综合运用，增加感受器对动作信息的储存量，有利于技术的掌握和理解，获取最佳教学效果。

3. 提示法

提示法是指教学以提示的方式指导学生进行练习的一种方法，主要有语言提示法和非语言提示法。

（1）语言提示法。教师用简练的语言或口令提示学生所要完成的动作名称、时间、数量、方法和质量的要求等。采用此教法应注意：①提示语言要准确恰当、声音洪亮、声调恰当。②提示语要配合音乐节奏。

（2）非语言提示法。教师用肢体语言、面部表情、视线接触来提示学生完成动作的方法。采用此教法应注意：①使学生明白教师肢体语言的含义，最好预先向学生声明课上所采用的一些动作的肢体语言和手势。②掌握好提示时机，用手势提醒时应提前 2 拍或 4 拍做出并使每一位学生都能看清教师所做的手势。③所用的肢体语言提示动作应准确、规范，必要时可使用夸张动作。④使用肢体语言时可配合语言提示向学生进一步明确动作内容及动作要领。⑤通过面部表情和眼神来激励学生，教师要以认真的态度和饱满的激情来感染学生、关怀学生，让学生感受到教师的重视关注，会更加用心去运动。

4. 带领法

带领法是指教师带领学生连续完成单个动作、组合动作、成套动作练习的方法。此种方法能使学生在短暂的学习时间中循序渐进，建立正确的动作概念，掌握动作与动作间的连接，在健美操教学中广泛采用。带领法的要求如下：

（1）根据动作需要，正确选择带领的示范面。结构简单的动作一般选用镜面示范带领法。

（2）带领法与手势、口令、语言等提示方法相结合，可使学生达到眼看、耳听、心想、体动的目的，获得最佳的教学效果。

5. 组合教学方法

随着健美操项目的发展，针对健美操教学特点，在原有的基础上又出现了一系列以组合动作为单位，进行持续、连贯教学的方法，如线性渐进法、金字塔法、递加循环法、连接法、过渡动作法和层层变化法。这些方法的特点是教师将一个动作组合，运用领做、重复、练习、连接新旧动作并重复练习等多种方法，并在不间歇的运动中提高身体机能、增进健康。它们的统一点就是以组合为单位，最后使学生完整地掌握这个动作组合，所以将这些方法统一化为"动作组合教学法"。该方法多用于学校健美操课前准备活动的热身和简单动作组合的学习与教授，以及健身房有氧操部分的健身锻炼。组合教学方法，主要有以下类型：

（1）线性渐进法。线性渐进法是一种组合或套路最简单的自由教学法。它把单个动作按顺序排列起来，动作之间的过渡通过只改变一个因素来实现，这个因素可以是上肢动作、下肢动作或加入变化的其他因素。在线性渐进中，每次的变化都应以容易过渡为原则。该教学法在动作的选择上应注意动作的多样性和均衡。

（2）金字塔法。金字塔法是一种递增或递减单个动作次数的方法。它通过改变单个动作的练习次数来达到教学目的。逐渐增加重复动作次数称为倒金字塔法。正金字塔教学法的优点是使学生专注于动作技术、身体姿态、练习强度。倒金字塔法的优点是增加组合动作的复杂性、组合构成的紧凑性和动作连接的节奏感，将练习者的注意力集中到动作练习中，提高练习者的积极性和健身效果。

（3）递加循环法。递加循环法也称记忆法或组合套路法，即每学习一个动作组合，都与前面的动作连接起来进行练习直到学完最后一个动作为止的一种方法。每学习增加一个动作，都与前面动作连接，即从开始动作连接到新学动作。

（4）连接法。连接法通常又称为部分到整体法，是把单个动作按照一定的顺序连接并发展成组合的一种方法。例如，先教 A 动作，再教 B 动作，然后将 A 和 B 动作连接起来，C 动作和 D 动作的方法同 A、B，最后将 A、B、C、D 连接起来，产生一个四个动作的组合。

（5）过渡动作法。在复杂动作之前加一个或者一段简单的过渡动作，作为学习复杂动作的一个铺垫或引导，有利于复杂动作的掌握，而后再去掉过渡动作。

（6）层层变化法。层层变化法是指从组合通过多次练习，层层变化，逐渐过渡到另一个动作组合的方法。该学习与线性渐进法相似，不同点在于动作的改变是在原有动作的基础上进行，并且每改变一个动作，就带动整个组合的重复练习。

（7）纠正错误方法。纠正错误法是指教师帮助学生掌握正确动作的教学方法。一般常用的纠错方法有指导法、静控体验法、助力法、语言提示法和对比分析法。

第一，指导法，是指教师通过对学生的练习进行评价，指导学生改正错误与不足的方法。指导法根据指导对象的人数分为集体指导法和个别指导法。

第二，静控体验法，是指由于学生肌肉本体感觉差，不能有效控制动作而出现错误时，教师采用肢体控制的方法，让学生体会肌肉用力的感觉和方位。例如，对手臂伸不直的同学，可以让其保持两臂伸直的控制练习，体会手臂伸直时的肌肉感觉。

第三，助力法，是指教师通过给予学生外力的帮助，使学生通过触觉和肌肉的本体感觉，直接体会动作正确的位置感和动作发力的方法。该方法常运用于初学者或对基础较差的个别学生进行指导。

第四，语言提示法，是指由于学生遗忘动作或不清楚动作要领而出现错误时，可以通过提示动作名称或动作要领来启发、诱导学生完成动作的方法。

第五，对比分析法，是指教师通过正误动作对比找出动作之间的差异，使学生加深对动作的理解，纠正错误动作，形成正确概念的方法。

（二）练习法

1. 练习方法

（1）模仿练习。模仿练习法是指教师领做，学生跟随模仿的动作练习方法。在学习新动作时，教师在示范、讲解新动作要领后，为使学生弄清楚和记忆动作的结构、方向和路线，常进行教师领做，学生模仿练习的练习形式。

（2）重复练习法。重复练习法是指对一个动作或一个组合进行多次重复练习的方法。学生初步掌握动作后，必须坚持在教师的指导下反复练习，逐步形成正确的动力定型。学生在进行重复练习时，教师要及时纠正错误动作，提示不同层次的要求。重复练习法既包括组合或成套动作的重复，也包括对单个分解动作的重复练习。

（3）念动练习法。念动练习法是指有意识地、系统地在脑中重复再现动作表象的练习方法，能使想象运动的肌肉产生微弱的神经冲动，多次重复就会起到强化记忆的作用，有助于加快动作的熟练和加深动作的记忆，有利于建立和巩固正确动作的动力定型。

念动练习法一般安排在学习新动作之后或复习新动作之前，能帮助学生集中注意力，积极思考，加深对动作的印象。念动练习法也是调节运动负荷，积极休息，恢复体力的一种手段。念动练习的时间一般不宜太长，每次 1~3min。初学者最好在教师的指导下集体练习。有一定基础的学生，可以在音乐的伴奏下对整体动作进行念动训练，有助于动作与音乐的有机配合。

2. 练习形式

健美操课组织练习的形式，一般有集体练习、分组练习、单人练习、双人练习四种。

（1）集体练习，是指对全班学生进行集中指导、共同练习的组织形式。集体练习的组织形式有教师喊口令或击拍进行集体练习和跟音乐集体练习。教师喊口令或击拍练习一般在学习新动作后，或纠正错误动作后以及某个动作进行强化时运用，采用集体练习形式，教师容易发现学生练习中存在的错误，并及时集体纠正。

（2）分组练习，是指集中指导后将全班学生分为若干个小组进行复习巩固的练习组织形式。分组练习一般安排在学生初步掌握新授动作后进行。分组练习前教师要提出练习的具体要求和注意事项，这样有利于同组同学间互相监督和指导动作，有利于培养学生的团队精神。练习中教师要轮流指导，督促学习。

（3）单人练习，是指学生单独完成动作的练习。单人练习能够消除学生对教师和同伴的依赖性，使动作与思维相结合，利于动作记忆。教师也可在学生练习的间歇时间里个别辅导，因材施教。

（4）双人练习，是指两人一组进行练习的组织形式，一般在巩固提高动作阶段进行，一人做动作，一人观看，互相进行动作评价，并对出现的问题进行纠正。该练习的目的是培养学生观察、分析和解决问题的能力，教师轮流指导，对学生分析和解决问题的情况进行评价。

（三）评价法

评价法就是价值判断。教学评价就是对教学活动或者结果等有关问题进行价值判断时所运用的方法或途径。评价是为了了解教学过程，及时获得教学反馈信息并促进教学效果和教学质量的改进与提高。教学中常用的评价法主要有以下类型：

1. 观察与提问法

观察是通过观察获得教学信息的一种方法。观察是教师在健美操教学中，及时了解学生技术掌握程度的最直接方法。教师的观察要做到心中有数，要善于发现并及时解决学生在学习和练习中出现的问题，可在适当的时候给予评价。提问法是教师提出问题，并要求学生回答的方法，是教师了解学生对健美操知识技能掌握情况的主要方法。提问的内容要简明、扼要，提问要把握好时机，并能启发学生积极思考。

2. 抽查与检验

抽查是指教师随堂让个别学生独立完成动作，检查健美操动作是否正确、协调，成套动作是否连贯熟练的一种方法。

3. 教学比赛

在教学的不同阶段，教师根据教学和要求以及学生的实际情况，采用个人比赛、分组推选代表比赛、分组比赛等形式，达到复习提高健美操动作技能、了解教学效果的目的。通过比赛激发学生的竞争意识，对调动学生练习的积极性，提高教学效果有重要作用。

三、健美操教学手段分析

（一）健美操教学手段的作用

健美操教学手段，是指健美操教学传递信息和感情的媒介物以及发展体能和运动机能的操作物。

健美操教学手段与教学方法，既有联系又有区别。它们都是为实现健美操教学目标服务的，但它们又有所不同。教学手段是指为了提高教学方法效果而采用的实物或设备。

健美操教学手段，在健美操教学中主要有以下作用：

第一，沟通信息，调控教学过程。在教学中，师生往往通过视觉、听觉接收信息，而这些信息通过使用各种教学手段才能传出。

第二，增强信息的接收效果，提高教学质量。信息发出后，被对方接收并经转化储存起来的数量是决定信息效益的主要条件。

第三，有利于突出动作技术的重点和关键。教师在讲授复杂的技术动作时，通过演示、强化，加速学生掌握技术的重点和关键。

第四，有利于进一步提高和改进动作。教师对学生的动作进行录像，可以让学生进行对比分析，发现问题，及时改进提高。

（二）健美操教学的常用手段

在健美操教学中，常用的教学手段有视听类和练习类两种。

第一，试听类：图解、电视、录像、磁带、光盘、计算机、多媒体等。

第二，练习类：轻器械、地板、固定器械、场馆等。

四、健美操教学课程的设计

（一）健美操教学的课程设置

根据内容、性质，健美操课程可分为理论课和实践课。

1. 理论课

健美操理论课，主要是通过讲授、课堂讨论、电化教学等方式，向学生传达健美操的基本知识、原理、方法、竞赛组织及裁判等方面的系统理论。其教学内容根据各院校的教学计划、教学大纲来确定。

健美操理论课，一般包括以下内容：

（1）健美操概述。健美操的定义、健美操的分类、健美操的特点、健美操运动的意义和功能、健美操发展简况。

（2）健美操术语。术语的概念、术语的内容、术语的构成和记写方法、术语的运用及运用时应注意的问题。

（3）健美操基本动作。健美操基本动作概念、健美操基本动作特点与作用、健美操基本动作主要内容。

（4）健美操动作绘图技法。健美操动作绘图的意义和作用、健美操动作绘图的种类和表现形式、健美操动作单线条图的绘画方法、健美操动作的完整记写方法。

（5）音乐知识及欣赏。音乐知识简述、音乐的基本表现手段、健美操常用的音乐种类、音乐的选择与剪接、音乐欣赏。

（6）健美操教学法。健美操教学的任务、特点，常用的教学方法、手段及运用。

（7）健美操训练法。健美操训练原则、训练内容、训练方法、训练过程、训练安排及注意事项。

（8）健美操的科学理论基础。健美操的生理学基础、心理学基础、美学基础。

（9）健美操的创编。创编健美操的因素、创编健美操的目的、健身性健美操的创编、竞技性健美操的创编、表演性健美操的创编。

（10）健美操的裁判方法。健美操裁判总则、评分内容、标准与方法、裁判的组成与职责。

（11）健美操竞赛的组织。竞赛的意义及特点、竞赛的种类及内容、竞赛的组织、比赛的进行。

（12）健美操运动的科学研究方法。健美操科学研究的基本方法、科学研究的程序、科研论文的写作方法。

（13）健美操教学课。健美操课的类型、结构、准备、组织及注意事项。

2. 实践课

健美操实践课，是通过身体练习手段，使学生掌握健美操动作的方法、要领及教学方法；培养正确的身体姿势，塑造健美形体；增强各种身体素质等。在实践课教学中，贯穿理论知识的讲解，并将理论与实践相结合，加快动作技术、技能和教法的掌握；采用各种方法培养学生的多种能力。

根据健美操课所要解决的具体任务，健美操实践课可分为：引导课、新授课、综合课、复习课和考核课。

（1）引导课。引导课一般指开课的第一堂课。引导课的主要任务是讲授健美操的特点、锻炼价值及有关的基本知识，健美操的教学任务、内容、要求、考核标准及有关规章制度等。还可适当安排一些健美操练习内容。

引导课教学过程中应注意以下要点：

第一，引导课中，教师对讲授的不同内容应预先归纳，讲解时层次清楚，突出重点，使学生对健美操项目形成正确、完整的认识，明确学习目的和要求，端正学习态度，积极投入健美操学习中。

第二，讲课形式要活泼多样，以便激发学生学习的兴趣。

（2）新授课。新授课是指以教授新教学内容为主的课程。其主要任务是使学生学习和初步掌握健美操课的新授内容。

新授课教学中应注意以下要点：

第一，遵循一定的教学规律。教授新动作应循序渐进，一般由慢速到正常速度，待动作基本掌握后，再配合规定的成套动作音乐进行反复练习。

第二，选择恰当的教学方法。教师要善于正确运用讲解、示范以及练习过程中的各种教法措施。对于多关节、多部位的复合性动作，通常采用分解法进行带领，使学生更加清楚地了解和掌握身体部位、动作方向、动作路线、身体姿势等的变化，形成正确的肌肉感觉和概念。

第三，确定适合的负荷量。教师教授新动作后，应让学生反复练习，并承受一定的负荷，但负荷量不宜过大，应侧重于动作技能的掌握。

第四，做好充分的课前准备。教师应对新教授动作可能出现的错误，制订预防措施，一旦出现错误要有针对性地纠正。

（3）综合课。综合课是指既复习已学过的内容，又学习新内容的课。它是健美操教学中常用的一种授课形式。

综合课教学中应注意以下要点：

第一，科学合理地安排新旧教材的教学顺序。一般先复习旧教材，再学习新教材。

第二，选用适当的教学手段与方法。在复习旧教材时，教师应通过提问、讨论、默想默练等手段引导学生对上次课所学内容，如完成动作的方法、动作的规格、技术要点、动作之间连接等进行回忆和复习。应进一步强化动作的技术要点及规格，对复习中出现的动作方向、路线或姿势等错误，教师应采用慢动作领做或固定姿势方法等加以纠正。

第三，合理分配教学内容时间，确定运动负荷。根据新旧内容的教学任务、特点和难易程度，合理分配时间并确定运动负荷。一般新授内容的时间多于复习时间、复习时的运动负荷大于学习时的运动负荷。

（4）复习课。复习课是指以复习学习过的教材某些内容为主的课。其主要任务是在教师的安排和指导下，复习并逐步提高动作的规格和质量。

复习课教学中应注意以下要点：

第一，有明确的教学目标。教师应根据新授课学生掌握动作的情况提出复习课的目标，采取相应措施来实现这一目标。

第二，在集体指导的基础上加强区别对待。在练习过程中，对于基础差的同学要加强指导，帮助他们改进动作，树立信心；对于基础好的同学要适当提高要求。

第三，选择适当的教学方法。在复习课上要注意精讲多练，增大练习的密度，强化动作的熟练程度，提高动作规格和机体的有氧代谢功能。

第四，安排合理的课堂组织形式。在复习课上一般多运用分组教学的形式进行练习，可分组轮换，也可"一助一"地进行练习。这样可调动学生的练习积极性，提高学生分析动作和纠正错误的能力，同时有利于教师实施个别指导，检查学生掌握动作的情况。还可采用一个同学或一组同学进行表演、相互观摩、评比的方式，以激发学生的练习积极性，进一步提高和改进动作技能。

（5）考核课。考核课是以检查学生成绩为主的课，主要任务是检查学生健美操成绩和教学成果。

考核课教学中，应注意以下要点：

第一，教师要使学生明确考核的目的、考核时的要求和评分标准。

第二，考核前要对考核的内容进行复习，做好准备活动，使学生充分发挥水平。

第三，为把握考核的准确性并提高考核效率，一名教师可以同时考核两个学生。

（二）健美操教学的环节设计

健美操教学工作的基本环节包括备课、上课、布置作业、课外辅导、成绩评定。

1. 备课

（1）备教材。备教材包括研究教学大纲，明确教学目的及各套操的技术重点和难点。也可以根据本学期教学目的、学生学习能力编排动作。初学者尽量编排相对简单的动作，在编排完动作组合后，应尽可能地熟练动作，厘清教学思路，做到"心中有数"。

（2）备学生。了解本班学生特点，包括技术基础、身体素质、班风和学风，做到"目中有人"。

（3）备教法。根据教材内容和学生特点，选择有效的教学方法、手段，做到"心中有法"。

（4）备场地器材。根据场地，选择所需要的组织形式和练习形式，准备好上课要用的器材，选择并准备好上课所用的音乐，并提前熟悉音乐的旋律与节拍。

（5）写教案。根据教学目标、教学内容和教学任务写出教案。教案中内容、结构的安排要有条理性、计划性、合理性，教案的书写应规范、整洁。

2. 上课

上课是教学的中心环节。上好一堂课的要求是目的明确、内容正确、方法得当、组织得好，从而取得良好的教学效果。

3. 布置作业

布置作业是课堂教学的延续，是教学活动的有机组成部分。作业的目的在于巩固课堂上所学的知识和技术动作，培养学生独立工作的能力和习惯，教师应重视课外作业的布置和检查。

4. 课外辅导

课外辅导，是班级授课制的必要补充。教师可有针对性地进行课外辅导，重视每一个学生的发展和提高。

5. 成绩评定

成绩评定，是教学不可缺少的环节，是检查学生学习状况和教师教学效果、调控教学过程的重要手段。教师要根据学校要求和教学实际进行客观评定。

（三）健美操课程的结构设计

目前，健美操课的结构主要由准备部分、主体部分和结束部分三部分组成。下面以 90 分钟的课为例进行阐述：

1. 准备部分

（1）时间。一般为 20min 左右。

（2）任务。①迅速组织学生，集中注意力，为完成本次课的教学任务做好心理和精神上的准备。②做好身体上的准备活动，使身体各器官系统逐渐进入工作状态，使身体各运动器官关节、肌肉和韧带为大幅度运动做好准备。

（3）内容。①课堂常规，主要包括考勤，宣布本次课的内容和任务，提出要求。②一般性准备活动，以热身操的形式出现，内容主要以基本步伐配合手臂动作的单个动作或组合动作以及一般性柔韧练习。

2. 主体部分

（1）时间。一般为 60min 左右。

（2）任务。复习旧内容，学习新内容，主要是学习和掌握健美操知识、技术、技能，提高身体素质，培养综合能力。

（3）内容。

第一，单个动作：包括身体基本姿态、各部位基本动作、基本步伐、各种跳步动作、各种基本技术。

第二，组合动作：包括姿态组合、基本动作组合、乐感培养。

第三，成套动作：包括成套动作组合和表现力培养。

第四，素质练习：包括力量、速度、耐力等身体素质。

3. 结束部分

（1）时间。一般为 10min 左右。

（2）任务。①整理练习，使机体逐渐恢复到安静状态，改善血液循环，促进机体代谢产物的运输和清除，缓解疲劳。②简要地进行课的总结，布置课外作业。

（3）内容。结束部分主要包括拉伸性放松练习、配合呼吸进行的放松练习、意念放松练习、局部按摩放松练习。

此外，健美操课的结构还有其他形式，但无论采用哪种形式和结构都应符合人体生理功能变化规律，教师应根据课的任务、练习任务和学生的特点来安排，从实际出发，讲究实效，以利于完成教学任务为原则。

第四节　健美操动作创编

　　健美操健美身心的效果，取决于健美操的质量。只有那些具有较强锻炼功效、运动负荷及难度适宜、富有魅力的健美操才能激发人们的锻炼兴趣，使其全身心地投入练习，并取得良好效果。因此，健美操的创编是开展健美操活动的前提。创编健美操就是将丰富多样、不同形式的单个徒手动作串成一节动作和组合动作，并根据音乐的节奏和旋律的变化使其合理连贯，最终组成一套动作。健美操的创编无论在教学、训练还是比赛中都有极其重要的地位。

　　一套健美操是否具有科学性，是否能达到强身美体的效果，是否具有魅力，是否能在比赛中获胜，关键取决于健美操的创编水平和完成质量，而创编水平是完成质量和成套取胜的基础。

一、健身性健美操的动作创编

（一）健身性健美操的创编原则

1. 全面性原则

　　为了达到全面发展身体的目的，编操者在创编成套健美操时，要充分地调动整个肌体参与运动，使身体各部位的肌肉、关节、韧带及内脏器官得到全面发展。成套健身性健美操的动作，一般包括头、颈、肩、腰、髋、腹、背和上、下肢运动。为使身体全面均衡地发展，编操者在设计动作时，应考虑动作的对称性。同时，还应设计一些走、跑、跳的动作，以锻炼人体的心肺功能。另外，在保证身体各部位均衡发展的基础上，还应重视编排健美操的不对称动作，这有助于增强人的神经系统功能，提高人的协调灵敏素质，对全面发展身体有积极的促进作用。

　　除此之外，创编健身性健美操时还应考虑动作的时空变化，如动作的方向有上下、左右、前后、斜向等变化，动作的路线有长短、曲直的搭配，动作的幅度、速度、力度方面有大小、快慢、强弱的对比。健美操时间表象（速度、频率、持续时间）和空间表象（方向、路线、幅度、力度）的变化丰富与否将直接影响健美操对人体锻炼的效果。

2. 艺术性原则

健美操既是一项锻炼身体的手段，又是一种形体艺术。它和艺术体操、花样滑冰等含有较多艺术成分的体育项目一样，只有本身具有较强的艺术魅力才能吸引广大爱好者全身心地投入健美操运动中。因此，艺术性是健身性健美操创编中体现健美操特点的重要原则。坚持艺术性原则，主要体现在以下两方面：

（1）音乐选配的艺术性。音乐是健美操的灵魂，它影响操的风格、结构、速度、节奏，音乐选配得好容易激发练习者的锻炼激情，而健美操是表现音乐的一种手段。因此，教师在创编动作时，要根据音乐的背景、民族习俗、文化特点，尽量设计出既能充分表达音乐的内涵又不失健美操特点的动作，使动作与音乐的风格融为一体，表现高度统一；反之，就失去了健美操的艺术价值。

另外，在选配音乐时除应注意音乐与动作的风格要统一外，还应考虑健美操是健、力、美的统一体。因此，编操者所选编的音乐旋律要动听、新颖、富于变化，节奏要鲜明、强劲、规整，速度要适中。健身性健美操的音乐速度一般是24 拍/s左右。面向我国广大群众的健身性健美操的音乐，应朝体现民族风格、突出时代特征的方向发展。

（2）动作设计的艺术性。

首先，健身性健美操的动作风格，除了要符合锻炼目的和练习对象的特点外，还要求鲜明统一，切忌一节操老成持重、一节操稚气十足、一节操古朴典雅、一节操则颇具爵士风格。

其次，由于健身操强调健、力、美的结合，设计的动作要求幅度大、力度强、造型美，但每节操的动作不宜太满、太急，以使练习者做到位和充分发力，真正发挥健身操的锻炼实效。

最后，动作语汇应丰富、新颖、富有特色。由于健美操的基本动作是有限的，广泛吸收和借鉴体操、舞蹈、武术等艺术性体育项目的动作是十分必要的，而且巧妙多样的组合也可以变有限为无限，产生新颖、丰富的视觉效果。

3. 针对性原则

健身性健美操的创编除自始至终要遵循全面性的基本原则外，在具体创编时还要针对不同的任务、对象、场地、器材等情况和特点，使创编切合实际、有所侧重、有的放矢，以取得实效。坚持针对性原则，主要体现在以下方面：

（1）根据练习目的创编。健美操根据不同的锻炼目的可分为形体健美操、减肥操、矫正操、保健操等，因此编操者在创编时，对动作的选择和量的分配应根据不同的练习目的而有所侧重。

（2）因人而异创编。不同对象、年龄、性别、职业、身体状态、运动水平、文化层次的练习者对健身性健美操的需求、爱好和接受能力都有所不同，因此编操者创编时要根据不同对象的生理、心理特点，在健美操的内容、风格、难度、速度及运动负荷等方面有所区别。

（3）因地制宜创编。健身性健美操的创编，除要针对不同的任务和对象外，还应考虑场地、器材等实际条件。如果没有良好的地面条件，不宜创编较多的地面动作。若具备一定的器材设备，可创编一些轻器械健美操，以增加运动负荷，进一步增加肌力，丰富健美操的内容。健美操常用练习器材有踏板、小垫、哑铃、沙锤等。

4. 合理性原则

健身性健美操十分注重身体锻炼的实效性，而一套健身性健美操的锻炼功效首先取决于该操动作的编选、动作顺序设计和运动负荷安排的合理性。因此，合理性原则有利于体现健身性健美操的科学性。坚持合理性原则主要体现在以下方面：

（1）编选动作恰当。健身性健美操的动作都有益于健身，但对身体的影响方面和程度是不同的，而且每节操有不同的锻炼侧重点，因此编操者创编每节操时，要注意选择对完成该节锻炼任务有切实作用的动作，突出这节操的特点。如果每节操的动作都能使人体的某些部位得到充分运动，那么整套操对人体的锻炼就会全面充分、切实有效；反之，若每节操名不副实，蜻蜓点水或花架子动作太多，则会影响健美操的锻炼实效。

（2）动作设计合理。根据人体运动的生理规律，成套健身性健美操的动作顺序一般分为三部分。

第一部分为预备动作，包括深呼吸及脊柱的伸展。

第二部分为主体动作，包括若干身体各部位的运动。动作一般从人体远端开始，自头或足逐渐过渡到肩、胸、腰、髋，乃至整个上、下肢和躯干。身体运动由局部到整体，由慢至快，由弱至强。

第三部分为整理动作，包括踏步和全身放松调整。动作速度渐慢，并伴以深呼吸，以使心率逐渐恢复到安静状态。

（3）运动负荷科学。每套健美操动作的创编应严格遵循人体运动的生理解剖规律，其运动强度应符合健身指标区的要求。每次运动的负荷应由小到大，动作应由简到繁，强度应由弱到强，逐步增加身体负荷。在达到和保持一定的运动负荷后，再逐步减小运动量，使人体心率变化由低到高、呈波浪逐渐上升，然后逐渐恢复到平静状态，从而使人的心血管系统、呼吸系统、消化系统和内脏器官功能得到改善和提高。

（二）健身性健美操的创编内容及步骤

1. 创编前的准备

创编前的准备，包括：明确创编的目的、任务、要求；了解练习者多方面信息（性别、年龄、职业、文化水平、身体状况、运动基础等）；了解锻炼时间、场地、器材设备等条件；学习有关创编健身性健美操的文字和录像资料。

2. 制定总体方案

在了解多方面情况的基础上，确定所编健美操的类别（健身性健美操中的哪一种）、风格（活泼或稳健、优美或刚劲等）、难度（大、中、小）、长度（若干个 8 拍）、速度（n 拍/s），设计操的结构顺序、主要动作类型（如头的屈、伸、转、绕、绕环）及高潮的安排等。在有了基本构思后选配剪接音乐，反过来音乐又启发编操者的构思，促使其补充、修改总体方案。最后可通过总体方案表将总体构思归纳起来，以便从整体上检查总体构思的完备性和合理性，并以此为纲进行下一步的具体动作设计。

（1）选择动作素材。选择动作素材关键在于平时对动作资料的积累程度，应选择对身体有锻炼价值、接受程度高的动作。可以从主要的单个基本步法入手，再转化和创新出各种组合步法和变化性步法。选择其他项目中的动作素材应与健美操动作特点和风格相近，即使选择某种舞蹈动作形式，也必须转化成符合健美操风格特点的动作。最后经过试做，确定所选择的动作。

（2）选择与编辑音乐。音乐应符合有氧健身操的特点。创编成套动作与音乐选择有两种情况：①先编排成套动作，再根据动作选择或编辑音乐。②先选择或编辑音乐，再编排成套动作。

3. 建立基本结构

按设计好的动作进行练习，练习过程中要进行多方面检查，包括运动量和强度的测试，对整套操结构顺序的合理性和艺术性的检查等。根据测试结果、练习者的反馈信息及创编者的观察研究，对操进行适当的修改和调整。

（1）分段编排。将成套操的准备、基本、结束三部分视为三大段，根据音乐的节奏和节拍细致地逐一编排，先编排步法，然后编排手臂动作和躯干动作，同时要考虑动作的方向、路线的合理性和变化性。编操者设计组合动作时，要求步法与步法的连接自然流畅，手臂动作的连接协调。

（2）成套整合。组合动作完成后，编操者可按照成套的基本结构框架把组合动作按顺序排列起来，全方位审视动作的连接、节拍、节奏、方向、方位、路线、定位和移动、高冲击力动作与低冲击力动作的合理性和流畅性，还要考虑动作与音乐的风格、节奏、情绪相吻合的程度。

4. 练习与调整

根据成套健身性健美操三个基本部分的不同锻炼作用，遵循健身性健美操的创编原则，按照由简单到复杂、由小到大、由慢到快的编操规律，把确定的不同类型的步法分配到三个基本部分中，并与音乐基本段落相统一。确定成套操各部分的时间以及动作节拍和组合动作数量，使健身性健美操的结构科学、合理、有序。

健身性健美操整套动作的运动负荷安排要遵循由小到大、先逐步升高再逐渐减小的规律。要测定全套操的运动量，绘制运动负荷曲线图，进行运动量的分析，对不合理的运动负荷部分做必要调整。

5. 撰写图文说明

撰写文字说明与绘图是为了长期保留、教学、研究、出版、交流而进行的工作。文字说明应简明扼要、术语正确，绘图应形象逼真、方向清晰。记录时最好图文并用，记写的内容顺序如下：

（1）写出每节动作的名称、节数和动作重复次数。例如，第一节热身运动（2个8拍）。

（2）绘制动作简图。简图应包括动作的开始姿势、每拍动作的主要姿势、动作路线和结束姿势。

（3）记写动作说明。动作说明要表述清楚、简单明了，先写明预备姿势，再写明每拍动作的做法和结束姿势。记写动作时，一般先下肢后上肢、先左侧后右侧，并明确指出动作的方向、路线和做法等。

（4）记写应注意的事项。

6. 评价与修改

待一套健身性健美操初步完成后，先进行小规模实践，然后开展评价修改工作。评价工作可以请编操者或有关专家来做。通过对人的心率、耗氧量等生理指标进行测试，评价操的运动负荷和有氧代谢合理程度。同时要对锻炼后人的心理感受情况进行调查，对身体各部分关节活动量、锻炼价值和动作安全性、娱乐性、趣味性、艺术性进行评价。对不足之处进行全面分析与比较，并修改、完善，使成套动作更加科学、合理。

二、竞技性健美操的动作创编

"竞技健美操具有多种多样的运动形式，其体能与技能因素相互制约、相互促进，对培养运动员的综合素质具有积极影响。"[1] 创编是人们按事物的特点、规律及条件在主观意识指导下的创造过程。竞技性健美操的创编，是依照竞技性健美操的特点、规律，根据其目的、原则并在自身知识的依托下，把单个动作组织创造成竞赛套路的过程。竞技性健美操是一项综合性很强的体育运动项目，要想有效地达到竞赛的目的，简单地把动作串联起来是远远不够的，更要注重竞技性健美操的本质、特点及整套动作的结构、时间、空间、运动方式、风格特点、音乐等诸因素的有机结合。

竞技性健美操，主要用于比赛或表演，其成功与否取决于编排水平、艺术水

---

[1] 杨帆. 基于难度动作技术链发展的竞技健美操体能训练 [J]. 灌篮，2022（7）：52.

准和完成质量。创编作为竞赛活动的先导环节，直接影响整个过程的质量，动作及套路的创编优劣最终在竞赛中直接影响运动员的比赛成绩。创编是完成的基础，做好创编是竞技性健美操成功的前提，所以，开展竞技性健美操活动首先要掌握其创编的原则、方法及步骤等。

（一）竞技性健美操的创编原则

竞技性健美操作为独立的体育竞赛项目，越来越趋于成熟化与国际化，所以研究并遵守竞技性健美操的创编原则是至关重要的。

1. 针对性原则

竞技性健美操比赛的种类较多，有全国性大型锦标赛，也有地方性小型邀请赛等，各种比赛的规程和规则不尽相同，因此创编要坚持针对性原则。

（1）针对规则的要求进行创编。编操者创编前，要先了解规则的要求，这是创编的法定依据，尤其要了解所设项目的时间、特定动作、特定要求及违例动作的规定，以免造成编排方面的重大失误。

（2）针对项目的特点进行创编。竞技性健美操比赛一般设单人（男、女）、混合双人、三人（混合或非混合）、五人（混合或非混合）比赛，这些项目各有不同的特点。单人是个人项目，无配合和队形变化问题，但要注意运动方向、路线的变化，要充分使用场地，因此动作组合的丰富独特和特定动作设计的难度是创编的核心；混合双人创编的关键是同步动作的协调一致和配合动作的丰富、巧妙与默契；三人项目增加了队形变化的因素，但三人的队形毕竟有限，因此换位的自然流畅、同步与配合动作的巧妙组合是创编的要点；五人项目是人数较多、时间较长、创编难度较大的一个项目，要求队形变化丰富、动作整齐、配合协调，并有创作多种多样健美操组合造型与技巧的广阔天地，因此，该项目的创编更强调整体而不是局部效果的完美，讲究队形画面的对称或均衡以及成套动作造型全景的效果。

（3）针对运动员的特点进行创编。竞技性健美操属于个性化的比赛项目，只有针对运动员的特点创编不同风格的操，才能充分发挥运动员的优势，表现其独特的风貌。例如，有些运动员弹跳力好，可多编些跳跃性强、难度大的动作，令其弹性的跳跃、轻盈的空中姿态得到充分的展示；对于柔韧性较好的运动员可编排难度较大的劈叉、平衡、多种方向的高踢腿等动作，方能一展其舒展优美的形体和高超的技艺；对于力量型的运动员可编排一些支撑与水平类的高难度动作（如直角支撑转体2~3周）或两点支撑的俯卧撑等力量性较高的难度动作，以表现其较强的力量和控制力。

2. 全面性原则

竞技性健美操是健美操的一种类型，它同样是以全面发展身体为根本目的，但竞技性健美操创编中坚持全面性原则与健身性健美操不尽相同，它不一定要按照由远及近、自上而下的顺序全面设计身体各部位的运动，而主要是全面发展人体的力量、柔韧、灵敏、耐力等素质。它的创编除包括发展力量、弹跳、柔韧等素质的难度动作外，还应多设计一些促进身体素质全面发展、体现健美操风格特色的其他动作，如表现力量水平的俯卧撑类动作，显示和发展控制力和柔韧性的支撑、劈叉、平衡、高腾空跳等动作。

3. 艺术性原则

竞技性健美操是一种具有艺术性的体育竞赛项目，竞赛评判对其艺术方面的要求使它的创编比健身性健美操的创编更注重遵循艺术性原则。

（1）整体结构设计的艺术性。竞技性健美操的艺术性首先体现在整体结构、布局的合理性上。竞技性健美操虽然时间短，但也应设计成几段，段落之间应有变化和对比。另外，难度动作要合理布局，高潮安排要恰当。

（2）音乐选配的艺术性。竞技性健美操的音乐除了与健身性健美操的音乐一样，要求旋律悦耳动听、节奏鲜明强劲外，其艺术性主要体现在音乐与操的风格相一致，而操的风格是由项目及运动员的特点决定的。因此，竞技性健美操应选配个性化音乐。同时，因为竞技性健美操的强度比健身性健美操大，音乐的速度也要稍快，音乐速度在2.4拍/s以上，方能产生强烈的动感。此外，音乐要伴随操的层次变化而变化，才不会单调。与操的结构相吻合的音乐，往往能起到锦上添花的作用。

（3）队形动作设计的艺术性。在竞技性健美操集体项目创编中，队形设计要丰富多样，变换自然流畅、灵活巧妙，并注意队形与动作配合适宜，即选择最能展示动作美的队形，创编最能体现队形美的动作。

另外，竞技性健美操动作设计的艺术性还表现在：既要汲取舞蹈等艺术性项目的动作语汇，又不能令操舞蹈化，这就要求对所学习的动作加以改造，使之成为有较高锻炼价值、美观大方、有力度、有特色的健美操动作。此外，动作衔接得自然巧妙也是提高竞技性健美操艺术性的一个重要因素。

4. 创新性原则

竞技性健美操的创新可从多方面着手，其中动作的创新是其他创新的基础，应予以重视。

（1）造型和一般动作的创新。竞技性健美操往往是从各种各样的造型开始的，所以造型是给人的第一印象，一定要有新意。接下来全套操的一般性动作也要新颖丰富，可广泛研究和借鉴体操、舞蹈（如民族舞、迪斯科、爵士舞等）、武术中那些造型美、幅度大、有力度、有锻炼价值的动作，创造出新颖的、具有健美操特色的动作。

（2）难度动作的创新。难度动作的创新有助于促进竞技性健美操技术水平的提高，但其创新要建立在体育、艺术等科学研究基础之上，注意不能创编单纯追求难度而有损身体的动作，特别要注意避免编入违例动作（如倒立、空翻等），以把握健美操发展的方向。另外，竞技性健美操的难度不仅表现在单个特定动作难度的发展上，还表现在由特定动作的布局所体现出的难度价值上。所以，创编中不要忽略了难度价值这一因素。

（二）竞技性健美操的创编内容及步骤

1. 创编前的准备

（1）学习和理解竞赛规程与规则。

（2）学习和收集有关专业资料（文字、书籍或影音资料），了解竞技性健美操发展现状和趋势。

（3）研究竞赛项目的特点。

（4）了解运动员的个性特点和身体素质情况。

2. 设计总体方案

（1）确定运动员成套动作的难度类型和数量。

（2）确定竞技性健美操的整体风格。根据健美操的项目和运动员的特点确定操的风格，例如是刚劲型还是活泼型、是以迪斯科类的动作为基本动作语汇还是以中国古典舞风韵的动作为特色动作、是汲取蒙古族舞蹈的素材还是借鉴武术的动作造型等。

（3）总体结构设计与音乐选配。竞技性健美操的总体结构设计有如下两种方法：

第一种方法：①根据编操者对成套竞技性健美操的整体设想把操分为若干部分或若干段，如开始部分（造型与托举）、主体部分（以特定动作和特定要求为中心分为若干段，各项特定动作和特定要求的先后顺序根据编操者对操的起始、承转、汇合及高潮的考虑来安排）、结束部分（造型与托举）。②设计出各部分、各段的主要队形（集体项目）或运动路线（个人项目），确定各部分、各段的大体拍节数。③根据成套操的风格、结构、长度及速度等选择与剪辑音乐。

第二种方法：①根据操的风格选择音乐。②根据音乐的结构、拍节数、高潮起伏等确定健美操成套动作的总体结构。总之，竞技性健美操成套动作的总体结构设计往往与音乐的选配相结合，在相互制约的同时均可根据需要做适当调整。

3. 分段编排动作

在总体方案拟订之后，编操者根据竞技性健美操创编的原则开始逐步逐段地创编动作（包括主要动作和连接动作），在按照方案创编动作时仍可根据实际适当地修改或补充队形。此外，动作的创编常与局部的排练相结合，即边编边练边改，逐步完善成套动作，并且运用速记或速写的方法做好记录，以免遗忘。

4. 成套排练与修改

在分段创编结束后，成套动作基本成型，可以进行全套动作的练习，但在创编尚未完善时，要在成套动作的练习过程中从整体上检查创编效果，即成套动作的风格是否统一、动作与音乐是否浑然一体、特殊要求和高潮的安排是否合理、队形与动作的配合是否恰当、成套动作的连接是否流畅等，只有在进行成套动作练习时才能清楚创编的效果。检查后的修改也是十分重要的创编过程，有些调整可能是关键性的校正，有些则是画龙点睛。编操者在创编和修改中还应注意竞技性健美操的时间段、队形动作的设计要精练，同样的手法不要重复使用等。

5. 撰写图文说明

撰写图文说明的目的是为长期保留资料，以便在今后的教学研究或相互交流中采用。文字说明应简明扼要、术语正确，绘图应形象逼真、方向清晰。记录时最好图文并茂。

三、表演性健美操的动作创编

表演性健美操属于展示型与观赏型健美操，它的主要作用是介绍、推广、传播以及带动健美操的发展，丰富人民群众的业余文化生活。因此，表演性健美操在创编的原则、方法、内容上除了抓住健美操的本质特点外，还要丰富其内容，在特殊的情况与要求下应采用多种手段进行创编，使健美操的功能更为突出。

（一）表演性健美操创编的原则

1. 凸显项目特点

健美操的主要特点是动作的弹性与特有的身体形态，弹性要在膝、踝的屈伸中表现出来。身体姿态除了躯干本身的挺拔、清晰的开始与结束外，动作有力度是健美操动作本质的特点。另外，动作的流畅、衔接的合理、强烈的律动感也是健美操的主要特征。编操者在编排时要尽可能保持这些特点。

2. 以音乐为灵魂

音乐作为健美操不可缺少的组成部分，为健美操动作本身带来了活力。音乐可以为编操者的创编带来广阔的新天地与灵感，但是如果运用不当会束缚编操者的手脚，要想准确地表达音乐带给编操者的激情就需要平时用心去聆听和学习。编操者也可以按照自己的思路和意愿选择音乐，加上想要的效果重新创作音乐，这也是现在创编比较常用的方法。这样可以使动作与音乐结合得更完美生动，使成套动作充满蓬勃生机。

3. 体现多样性

作为表演性健美操，观赏性已经成为主要目标，很难想象人们会对平淡且没有变化的东西感兴趣，而人们的注意力很容易被变化、冲突、优美、移动的事物所吸引，所以编操者要尽力减少动作的重复。动作的多样性不是没有目的的动作累加，而是在风格统一的情况下加大信息量与丰富动作。多样性也不仅仅局限于动作，还包括空间利用、节奏的变化、人员的组织与调动等。

4. 把握动作整体风格

动作风格就是创编设计动作素材的取向侧重面，如以中国武术、古典芭蕾、爵士舞、现代舞或迪斯科等动作为创作基调，将其贯穿于全套动作中。一套操如果没有一个基本格调，就会显得杂乱无章、不伦不类，给人一种东拼西凑的感觉，不能体现一套操的特点。因此，把握动作风格特点是非常重要的。

5. 因人而异

（1）年龄特征。表演性健美操的创编对于不同年龄的表演者要有所不同，因为在不同的年龄阶段，肌体在生理、心理上的变化有很大差异，在动作的表现形式上也有很大区别。少年、儿童组的动作编排要以天真活泼为主，运动量不可过大，动作应自然、轻松欢快、容易模仿；青年组正值青春年少时期，体力充沛、精力旺盛、动作敏捷，可选择动作幅度大、力度强、速度快、富有动感的动作；中老年组适合较简单、舒展、安全、趣味性强的动作。

（2）性别特征。健美操向人们展示的是人体的健、力、美，性别不同，其美的表现形式就不同。男性力量性较强，编操者在编排动作时要选择和设计体现男性阳刚之气、潇洒豪放的动作和造型；女性柔韧性、灵巧性和表现力较好，编操者在编排上要多一些舒展、优美、柔中有刚和舞蹈性强的动作，以展示女性矫健的身姿。

无论哪类健美操的创编都不能忽视对表演者本身所具备各方面条件的考虑，忽视了这一点就会前功尽弃。应尽可能取长补短，在有限的时间、人力等条件下使表演达到最理想的效果。

（二）表演性健美操的创编内容及步骤

1. 整体构思

在创编或接到表演任务时，编操者首先应该考虑最熟悉的健美操项目，然后根据表演的要求，反复想象这套操如何开始、发展、结束，大概的框架是什么样子，如果有了比较清晰的想法，就可以进行具体的编排。

例如，开始（造型、扩张）—发展（操化、表演）—结束（收缩、托举、造型）。

2. 选择音乐

根据整体思路，有目标地选择音乐。当拿到一首音乐时，编操者首先应该考虑这首音乐是否能够感动人；然后反复地聆听这首音乐，去感受它是怎么开始、发展、结束的，特别要注意它是怎么过渡的。可以同时选择两首音乐，如以一首摇滚乐曲作为主音乐，以一首饶舌的拉丁或 HIPHOP 作为次音乐，将它们截选组合到一起，但连接一定要自然、流畅。另外，音乐的开始一定要有吸引力，音乐的结束要清晰，给人以完整感。为了提高音乐的效果最好加上动效音，把动作衬托得更清晰。

3. 队形设计

健美操队形的编排应充分考虑以下因素：

（1）根据比赛场地设置与条件编排队形，充分考虑评委和观众的视觉角度与效果。

（2）根据对象水平能力差异编排队形，适当考虑优秀选手的位置，以达到良好的整体效果。

（3）根据比赛对象的身体形态编排队形。

（4）根据参赛人数和性别差异编排队形。

队形变化过程中，应注意过渡自然、流畅，位置移动合理、巧妙，有张有弛，不要刻意追求场面上的活泼，队形的设计要丰富多彩，队形与动作的配合一定要协调、恰当，选择与创编出最能表现动作美的队形，完善作品，展示最好的视觉效果。

4. 动作设计

在已经获得想要的音乐，并且对该音乐了如指掌后，编操者就可以考虑动作设计。应结合队形安排，按每个 8 拍进行创编，尽量采用连贯性强的动作，结合手臂、躯干、腿部以及头部的屈伸、扭转，使动作更加优美、耐看。在表演人员体力允许的情况下可以多采用跳跃性动作，这样可以在空间上更有层次感并且使作品充满活力。

5. 分段编排

在每个 8 拍都创编完以后就可以进行连接，要注意连接的顺畅，可以改变衔接的动作，使动作连接流畅、一气呵成。

在创编过程中，编操者要根据目前国内外健美操的发展趋势，从音乐、动作及风格方面确定自己的特色。根据学生的具体情况，吸取别人小而巧的灵活动作，大胆联想、勇于创新。创编时，在音乐上要亲手剪接制作，使音乐振奋人心、铿锵有力、动静一致；动作上要注意造型优美、表现力度；结构上要有起伏变化，高潮迭起；技巧和连接处理力求奇特巧妙，使人意想不到。

成套动作应始终围绕学生核心动作的设计以及音乐节奏与旋律的变化串联展开，并通过学生的内在激情和表演技巧来体现其整体性特征，形成自己的独特风格。

6. 检查修改

完成整套作品后，一定要反复审视，检查是否有不合理或不完美的地方，经过修改就可以定稿。在实际教学中，教师要从实际的练习效果出发去检查创编的合理性，如有必要可以再次进行修改。

第五节　健美操运动对大学生的健康促进

大学生的健康发展直接关系到国家的繁荣富强。健美操集体育、音乐和舞蹈于一体，是当代大学生非常喜爱和广泛参与的体育运动。

大学生通过健美操基本动作及组合练习，头、臂、手、腕、胸、腰、腿、脚等多个身体部位均得到了锻炼，促进了身体健康。健美操可以改善大学生骨骼的血液循环与代谢，使骨外层的密质增厚、更加坚固，进而提高骨骼的抗弯曲、抗折断、抗扭转等能力。

一、健美操教学与大学生身体健康促进

第一，健美操教学与大学生情绪健康促进。健美操动作多样且富于变化，大

学生在运动过程中，可以通过运动释放自己的不良情绪，获得轻松、自由、快乐的体验。另外，健美操运动以集体运动为主。大学生不仅可以相互交流健美操动作技巧，还可以相互倾诉生活与学习中遇到的难题，通过互相安慰和鼓励缓解与消除不良情绪。

第二，健美操教学与大学生智力健康促进。健美操动作类型多样，大学生在运动时，大脑神经系统要处理很多刺激信息，从而能提高大脑皮质细胞的活跃度和均衡性，进而改善大脑神经系统机能，提高观察力、注意力、反应力等。

第三，健美操教学与大学生精神健康促进。在健美操教学中，体育教师可以通过案例教学、游戏教学、比赛教学等方法为大学生提供丰富多样的学习情境，让学生在掌握健美操运动知识的同时，学会思考、感知、探索、创造、承担、合作、判断等，进而促进精神健康。

第四，健美操教学与大学生社会健康促进。健美操本身就是一项集体性的体育运动，无论是日常训练还是正式比赛中，大学生都要处理各种人际关系，包括与同学之间的关系、与教师之间的关系、与观众之间的关系等。如此，大学生通过以上各种人际关系的处理，逐渐促进社会适应性，即社会健康。

二、大学生健美操运动的教学要点

（一）以学生为主体，发挥主观能动性

体育教师应当在健美操教学中坚持"以学生为主体"。

首先，体育教师要注重因材施教，即全面了解每个学生的身体素质、健美操运动基础、学习能力等，然后根据他们的实际情况制订合理的教学计划、安排适宜的运动负荷。

其次，体育教师要注重全面发展，即在促进学生身体健康发展的基础上，促进学生情绪健康、智力健康、精神健康和社会健康的全面发展。

最后，体育教师要注重主动发展，即培养学生主动获取知识、主动适应环境的能力。

（二）以兴趣为导向，丰富教学内容

兴趣是最好的教师。为了让学生积极、主动地参与健美操教学，体育教师应

当以兴趣为导向，丰富健美操课程的教学内容，激发他们的学习热情。在健美操理论内容方面，体育教师要在健美操基础理论的基础上，引入我国健美操运动发展、大学生健美操赛事、健美操运动价值、健美操运动损伤预防等内容，使学生增长见识。与此同时，体育教师要将音乐和舞蹈知识引入健美操理论内容体系，让学生产生体育、音乐和舞蹈完美结合的愉悦感。

在健美操实践内容方面，体育教师要在健美操运动技术的基础上，引进大学生喜爱的流行操、健康活力健身操、街舞、武术等内容，激发他们的学习热情。另外，体育教师在课外时间组织各种健美操表演与比赛活动。体育教师要努力推进健美操教学与大学生的校园生活相结合，让学生将健美操作为校园生活的一部分，这样学生就能更加有效地从健美操中收获健康。

（三）教学方法多样化，促进学生健康

健美操教学方法应当多样化，从而激发学生的学习兴趣，同时满足不同学生的学习需求。健美操教学应创新教学方法。结合高校人才培养目标，体育教师在健美操教学中应采用多样化的教学方法，如竞赛法、小组学习法、案例探究法、欣赏观摩法等。以上教学方法不仅能提高健美操教学效率和质量，而且能培养学生的就业能力。例如竞赛法能培养学生的竞争能力，以及坚韧不拔、勇敢自信的品质；小组学习法能培养学生的合作能力，帮助他们建立良好的人际关系；案例探究法能培养学生的探究能力，帮助他们学会分析和探究；欣赏观摩法能培养学生的审美能力，让他们明辨美与丑、是与非、善与恶。

另外，基于当代大学生对网络信息技术的熟知与喜爱程度，体育教师也应当将互联网、大数据、云计算、人工智能等引入健美操教学活动中，借助科技的力量，更加全面地掌握学生的身体状况和学习行为，更准确地为学生制订个性化的教学计划。

（四）围绕健康促进，建立科学评价体系

为了更好地促进大学生健康发展，体育教师对学生进行评价时，除了要关注学生健美操知识掌握和运动技术提高之外，还要关注学生的健康发展。具体而言，体育教师应在学生健美操实地考核成绩的基础上，结合学生在日常教学活动

中表现出来的身体状况、学习态度、合作精神、参与活动的积极性、竞争能力、人际关系等，综合评定学生的健美操成绩。

　　总之，体育教师对学生评价时必须强调健美操教学对学生健康的影响，即围绕健康促进，建立科学的学生评价体系。

（五）和谐师生关系，创设良好教学氛围

　　体育教师要正确看待自己在健美操教学活动中的地位、作用及与学生之间的关系；要在提升自身健美操教学能力的基础上，增强自身的沟通能力、活动组织能力、应变能力等，同时修炼个人魅力和修养。这样，体育教师就能与学生建立和谐的师生关系。和谐的师生关系利于形成轻松、愉悦、生动活泼的教学氛围，大大缓解学生紧张、焦虑、烦闷、抑郁等精神问题与心理问题，从而进一步提高健美操教学对学生的健康促进作用。

第七章
啦啦操运动教学与健康促进

第一节　啦啦操运动概述

一、啦啦操运动的类型

啦啦操，又称啦啦操团队，英文为 Cheerleading，其中 Cheer 有振奋精神、提高士气的意思。在众多的新兴体育运动中，啦啦操运动因其独特的技术风格和热情奔放的表演，受到了世界许多国家人们的青睐。

啦啦操是指在音乐的伴奏下，通过队员徒手或手持道具集体完成复杂高难的基本手位与舞蹈动作，以及该项目特有难度、过渡配合等动作内容，为比赛加油助威、调节紧张气氛、提高比赛观赏性，旨在集中体现团队意识与集体主义精神，折射青春活力、朝气蓬勃的精神面貌，并追求最高团队荣誉感的一项具有竞技性、观赏性、表演性等独特魅力的体育运动。

根据当今世界和我国啦啦操运动的发展状况，根据展示场所，啦啦操运动可分为场地啦啦操和看台啦啦操；根据动作技术的类别，场地啦啦操分为技巧啦啦操、舞蹈啦啦操和赛间表演啦啦操；根据队员是否手持道具，看台啦啦操分为徒手看台啦啦操和道具看台啦啦操。

（一）场地啦啦操

场地啦啦操，是指在体育比赛区域、活动进行区域等划定场地内进行啦啦操表演的一种团队体育运动。广义地讲，场地啦啦操运动是一种有组织的为体育赛事助威的场地表演活动；狭义地讲，场地啦啦操运动是指在音乐的衬托下，通过运动员完成高超的啦啦操特殊运动技巧并结合各种舞蹈动作，集中体现青春活力、健康向上的团队精神，并追求最高团队荣誉感的一项体育运动。

第一，技巧啦啦操。技巧啦啦操是以倒立、翻滚、托举、抛接、金字塔组合、舞蹈动作、过渡连接以及口号等形式为基本内容的团队竞赛项目，包括男女混合组、女子组和舞伴特技三种类型。

第二，舞蹈啦啦操。舞蹈啦啦操是以舞蹈动作为主，通过展示各种舞蹈元素和技巧并可结合道具为基本内容的团队竞赛项目，包括彩球、高踢腿、爵士、现代、街舞、道具等多个组别，展示高超的运动技能。

此外，代表世界啦啦操最高水平的全美啦啦操锦标赛的参赛标准为：队伍人数为 6~30 人，分为四个组别进行比赛，分别是业余组、中学组、大学组和全明星组。

第三，赛间表演啦啦操。赛间表演啦啦操是根据所参加的表演与比赛的目的预先设计、编创和排练好的成套啦啦操，在各种比赛休息间隙进行表演，为参赛队伍加油鼓劲，活跃赛场气氛，提高比赛的观赏性。按照表演风格的不同，赛间表演啦啦操分为爵士风格、街舞风格、拉丁风格等，参演人数不限、时间不等。赛间表演啦啦操注重表演效果，能够满足人们展示和表现自我的需要，因此对音乐效果、动作设计、队形变化、表演者的动作风格、质量等要求较高，更强调成套冲击力、成套与音乐的配合、动作与音效的配合、动作创新性的视觉感以及表演者表演风格的协调统一。为了保证一定的表演效果，可在成套中加入更多的队形变化、集体配合的动作，以及层次、对比动作等；表演者也可以借助道具，如花球、花环、旗子等。

以上所有元素都必须通过表演者的身体语言、表情及眼神表现出来，所以赛间表演啦啦操更强调表演者的表现力。表现力充分体现了编者思想、刚柔相间的肢体语言、音乐的情绪和节奏以及同伴之间的默契配合，这种综合的表现能力可达到烘托气氛、感染观众、提升表演效果的目的。

（二）看台啦啦操

看台啦啦操，是一项有组织的新兴的体育运动，是啦啦操的一种形式，它具有振奋精神、提振士气的功能。表演中运用口号、呐喊、欢呼、徒手动作以及各类道具动作等鼓励场下运动员和台上演员。根据队员是否手持道具，看台啦啦操分为徒手看台啦啦操和道具看台啦啦操。看台啦啦操由队员、服装、道具、口号、指挥、配合等元素组成。

看台啦啦操依据人数的多少可分为小、中、大三种规模。一般认为，30~60名队员为小规模，61~100名队员为中规模，100名以上队员为大规模。

第一，徒手看台啦啦操。徒手看台啦啦操是指在看台上不借助其他道具和器械，仅仅通过肢体的技巧动作以及团队的配合展示来完成啦啦操表演的一种体育运动。

第二，道具看台啦啦操。道具看台啦啦操是指在看台上借助一定的道具，如花球、花环、彩旗等作为载体进行啦啦操表演的一种团队体育运动。道具可以使用乐器类和装饰类器械，乐器类如铃鼓、填充沙子或小石子的饮料瓶等简单的乐器，装饰类器械如纸制彩球、彩扇等。

二、啦啦操运动的特征

啦啦操参赛人员性别不限，人数为6~30人。可见，啦啦操运动主要是以集体形式展开的，只有人数达到一定要求，才能体现出啦啦操队员的感染力，才能编排出更富有创造性、复杂多变的技巧动作及组合，不同层次的操化、难度、技巧动作的创编才能使表现更加戏剧化，给观众惊艳的视觉体验，从而真正体现啦啦操运动的无限魅力。

啦啦操属于技术主导类表现难美性项群项目，以有氧代谢供能为主，其特有的团队凝聚力，互帮互助的风格特征，热情洋溢又青春蓬勃等闪光点使之风靡美国，走向世界。啦啦操的运动特征主要体现在项目特征、技术特征和赛事特征三方面。

（一）项目特征

1. 动感活力性

啦啦操充分体现着朝气蓬勃、健康向上的精神，因此，啦啦操团队队员必须拥有青春的形象、健康的体魄和健美的体形。男运动员要有明显的肌肉线条，体形匀称成倒三角，女运动员要有肌肉曲线美，上下肢比例匀称，皮肤色泽光亮健康。所有的啦啦操团队队员要求五官端正、仪态端庄、青春靓丽，具有当代青少年的青春美和健康美。

啦啦操团队通过具有丰富含义的手势、响亮震撼的口号、整齐划一的动作、色彩鲜明的道具以及各种复杂的队形变化及空间技巧的转换，达到传达健康的生活态度和自信乐观的精神面貌的目的。

2. 团结协作性

啦啦操是以集体形式展开活动的。啦啦操的参赛人数为 6~30 人，性别不限。只有人数上达到一定的要求，才能完成更多的队形变换及空间转换，编排更多层次的动作，完成更多的复杂技巧和创造性动作，真正体现啦啦操的无限魅力。啦啦操在技能上，需要队员间的技术、经验交流以达到技能的实施和配合的默契。

3. 风格突出性

技术特点，是指啦啦操所特有的技术风格。啦啦操的技术特点不同于健美操和舞蹈，它更加体现所有肢体类动作在过程中，通过短暂加速和定位制动来实现啦啦操特有的力度感，适当的慢板动作是允许的，但只作为过渡动作出现，要求运用各种啦啦操基本手位、步伐、跳跃并结合多种舞蹈元素、口号等，通过多种空间、方向与队形、节奏的变化展示出啦啦操的项目特征。

短暂加速是指肢体保持明确的节奏感，这种节奏主要体现在动作过程中加速快、时间短，而不是整个动作过程都在加速。成套动作过程中，短暂加速是动作力度的基本前提。技术水平越高，体现短暂加速的能力越强。运动员的音乐节奏感与动作的律动性协调一致，才能体现出啦啦操的风格。定位制动是指在整套动作中，无论动作怎样复杂多变，在一个动作技术结束时，要通过定位制动来实现动作的力度。即便在长时间复杂多样的手臂组合过程中以及在高难度的配合技巧和翻腾与跳跃动作的前后，都要具有定位制动的能力。

啦啦操特有的力度感更容易调动观众的观赏气氛，加强与观众的互动，成为啦啦操团队表演的首选项目。

（二）技术特征

啦啦操技术风格突出，其技术特征主要体现在如下方面：

第一，啦啦操的操化类动作更加注重短路线、快加速和准确定位，采用制动技术实现其特有的力度感。

第二，技巧啦啦操的抛接与翻腾，更能体现团体合作的优势。在抛接、金字塔组合中更能彰显队员的团结协作精神，发挥整个队伍的最大机能，强调队员之间的相互激励、相互配合，以争取团队目标的实现。

第三，舞蹈啦啦操则可融入多种舞蹈元素，将啦啦操队员的活力、激情与特定的舞蹈动作相结合，将啦啦操干脆利索的动作发力与不同风格的舞蹈元素相结合，展现出更加热情四射的成套动作。

第四，看台啦啦操更多表现的是整齐、一致，超乎想象的大规模、多人员的互动以及振奋人心的集体气氛。

（三）赛事特征

1. 依托性特征

啦啦操的赛事起源于美国，起初的组织目的是在美式足球、篮球等运动项目场间进行表演，为场上运动员加油，激发他们更强的拼搏精神。可见啦啦操开始依托于其他项目的发展，受其他项目的兴衰影响，不只是关注自身项目的技术与发展，更加关注如何将自身的激情、活力最大限度地展现出来，激发观众和运动员的奋斗精神，促使其他比赛项目的顺利进行，将比赛现场化为一片欢乐的海洋。这样的赛事起源促使啦啦操运动拥有超强的感染力和团结一致的集体精神，为啦啦操发展成为独立的赛事创造良好的条件。

2. 交融性特征

无论哪种运动项目，在初期都是基于当地的艺术文化，是当地民俗风格、情感表达的一种运动体现。而在发展过程中，随时代的变化而改变，当跨越原本的国家和地域时，又将与该地域的文化相互结合，潜移默化地发生适应性改变，啦啦操也不例外。起源于美国，将美国对自由、激情、毫无掩饰的个人魅力充分融入项目中，并在项目传播过程中，影响更多国家、更多人。啦啦操的风靡离不开自身的艺术观赏性，更多艺术、文化在成套创编时的合理渗透将是我们共同的期待，而不同国家之间的啦啦操交流是一种文化的沟通与碰撞。

3. 规模性特征

每支啦啦操团队参赛人员多达 30 人，依赖于众多的队员才能更好地发挥成套的感染力，并以超强的团队合作展现队伍魅力，因此大部分啦啦操赛事规模将会出奇地庞大，每一次赛事少则几百人，多则几千人，只有在严密的组织安排下，才能促进赛事的发展，也只有制定出合理的规则，才能在不限制啦啦操的基础上，促使啦啦操项目稳步地提高。这样大规模的赛事就对组织管理者提出了较高要求，成功的赛事是啦啦操吸引更多参与人群，以项目魅力风靡世界的一大因素。

三、啦啦操运动的任务

（一）鼓舞士气

啦啦操运动最本质的任务是鼓舞士气。场地啦啦操运动与各种体育赛事和活动紧密联系在一起，通过啦啦操团队队员在比赛场地内极具感染力的表演，带领观众呐喊助威，为运动员加油、鼓劲，为运动员树立必胜的信心，永不放弃，向着胜利勇敢坚决地迈进。看台啦啦操的主要任务是通过组织观众席上的观众，进行一系列有组织的呐喊助威活动，在心理上给参赛者以莫大的支持，达到为运动员加油、鼓舞士气、活跃现场气氛的目的。现代啦啦操的诞生与带领观众呐喊助威有直接的联系。

（二）渲染气氛

啦啦操运动在鼓舞士气的同时为比赛渲染气氛。啦啦操运动是一项激情澎湃、振奋人心的运动，啦啦操队员在比赛现场与看台上的表演，热情而精彩，吸引着观众的注意力，是各项体育赛场上一道道靓丽的风景线。啦啦操的表演为现场营造了热烈、欢乐、喜悦的氛围，并使运动员与观众沉浸其中，使参与者、观看者达到忘我的境地，身心均得到愉悦感，充分体会到体育运动的独特魅力。

（三）传递精神

啦啦操运动传递运动精神。啦啦操运动是一项朝气蓬勃的运动，蕴含着体育运动中积极乐观、坚忍不拔、奋斗进取的精神。啦啦操团队是有组织、有纪律、有战斗力的奋发向上的团队，啦啦操运动所传递的运动精神应该在每一位啦啦操团队队员的训练、比赛和生活中得到体现。作为啦啦操团队队员，有责任和义务树立并传播啦啦操运动精神，无论在比赛、训练还是生活中遇到何种困难，都要拥有良好的心态，积极地想办法解决问题，拥有积极乐观、蓬勃向上的生活态度，坚定的信心和毅力，奋发图强、积极进取、永不言败的精神。

四、啦啦操运动的意义

（一）丰富文化发展繁荣的内容与手段

啦啦操的成立与发展能够极大地丰富人们的文化生活。啦啦操是一项健康向上、激情动人同时又融入团队协作精神的快乐体育运动。啦啦操队员在长期艰苦的训练中养成了不怕苦、不怕累、挑战自我、团结合作的优秀品质。同时，作为现代社会中出现和兴起的啦啦操运动，也极大地丰富了赛场文化活动，对人们的社会生活有积极影响，成为在竞技体育中闪亮登场以及受到社会各界喜爱和大力支持的运动项目。

（二）提升凝心聚力精神，弘扬优秀文化

赛场上与看台上的啦啦操表演是展示文化特色的重要窗口，有利于弘扬中华优秀文化。例如，在场地啦啦操表演中，队员身着具有民族特色的服装、运用民族特色的音乐、使用具有民族特色的道具、表演具有民族特色的舞蹈动作。再如，在大型比赛中，比如在奥运会上，看台啦啦操表演助威，运用多种具有民族特色的元素，它的意义不仅仅限于一场竞技盛会，而早已上升到展现一个国家和民族文化状态的境界。民族优秀文化的展示和民族特色元素的运用，弘扬了人民团结一致、齐心协力的精神，展现了国家的信心、能力、魄力和实力。

（三）倡导不畏困难、勇往直前进取精神

自强不息、奋勇拼搏、积极进取历来是中华民族的优良传统。积极、进取、向上、奋斗的个性对于个人与集体都是最优秀的品质。啦啦操运动不仅能够培养

啦啦操队员自身积极进取、奋斗拼搏的精神，同时他们的这种精神也会感染和影响体育比赛中的每一个队员，激励他们不畏艰难、勇往直前，最终取得比赛的胜利。在啦啦操运动中，有很多代表进取奋斗精神的元素，如基本的手势中就有很多不同的手势分别代表胜利、力量、团结、勇往直前、自信、张扬的含义。各种不同风格的口号和标语也能够从一个侧面体现进取与奋斗的精神，鼓励队员越战越勇，顽强拼搏。因此，有组织地开展啦啦操运动，能够使进取奋斗的时代精神深入人心，对于培养青少年一代积极向上、勇于奋斗的精神起到良好的推动作用。

（四）提高民众个人修养，构建和谐社会

啦啦操运动积极进取、永不言败、团结协作的精神和信念，体现了啦啦操运动的文化内涵，对于提高啦啦操运动员与观众的个人修养，构建和谐社会有深远意义。场地啦啦操表演向个人、群体和社会传播着健康、积极的文化，催人奋进、鼓舞人心。看台啦啦操队员热情的口号感染着现场的每一个人，同时弘扬了文明之风，营造了和谐有序、热情文明观看比赛的氛围。所有参与啦啦操活动的集体和个人都会被啦啦操的这些内在精神感染，并潜移默化地体现在日常的工作、生活和学习中，促进个人修养提高，更加有利于构建和谐社会。

（五）发扬团结互助精神，团队协同发展

啦啦操运动总是以团队的形式出现，它是集体主义精神的现实写照，它需要队员们极佳的默契、精诚一致的配合，才能完成精彩绝伦的表演，任何一个啦啦操队员的微小失误都会导致整个队伍的表演失败。啦啦操整齐划一的动作、响亮的口号和醒目的标语体现出团结就是力量、团结就是胜利的坚定信念，而这种情感的表达也是由内而外的，是在平时点点滴滴的训练和生活中不断积累起来的。一个集体强大了，这个集体中每个成员的素质必定得到深化和提高。啦啦操团队中的每一位队员要时刻把团队精神贯穿在自己的行动中，并将其传播给身边的每一个人，使他们受到集体主义与团结协作精神的感染和启迪。在现代社会中，倡导个性张扬和个人创造力的同时，更应该强调团队成员之间相互协作的精神和集体克服困难的勇气和决心，啦啦操运动正是集体主义与团队合作精神的充分体现。

第二节　啦啦操基本动作

基本动作是啦啦操练习中最稳定的部分，是学习啦啦操的基础，所有动作均以此为核心加以变化和发展。啦啦操的基本动作包括：口号、基本手形、头部动作、胸部动作等。

一、口号

啦啦操口号可分为两种：规定型口号和自编型口号。

（一）规定型口号

规定型口号，是指根据大会内容和主办单位规定，将主办单位制定的口号编排到动作中。

例如，奥运口号（加油！加油！中国奥运！奥运中国！）。

（二）自编型口号

自编型口号，是指参赛单位或演出单位根据大会内容制定自己的口号，并将口号编排到套路中完成。

例如，大学生运动会主题（加油！加油！友谊第一！加油！加油！勇创辉煌！）。

二、基本手形

手形是手臂动作的延伸和表现，运用得好，会使啦啦操动作丰富多彩，生动活泼，更具有感染力。啦啦操的手形有多种，包括拳式、并拢式、分开式、立掌式、芭蕾手式和西班牙舞手式等。

（一）拳式

动作方法：握拳，拇指在外，指关节弯曲，紧贴于食指和中指。

技术要点：五指用力并拢后，食指、中指、无名指、小拇指指尖扣向掌心，大拇指压向中指第二指关节处。

错误纠正：练习时易出现拇指没有压到第二指关节处，或者不发力出现空拳等问题。因此，应将拇指压到食指和中指第二指关节处，用力将拳握紧。

伤害预防：练习前揉搓双手，活动指关节和腕部关节，减少腕部关节摩擦。

（二）并拢式

动作方法：五指伸直，相互并拢，大拇指微屈，指关节贴于食指旁。

技术要点：大拇指压向掌骨处，其他四指用力并在一起。

错误纠正：练习时易出现并拢的四指指尖上翘、翻手腕等问题。因此，应五指用力并拢，指尖不要发力。

伤害预防：练习前活动腕部关节，减少腕部关节摩擦。

（三）分开式

动作方法：五指用力伸直，充分张开。

技术要点：五指用力展开，手指伸直指尖向外侧延伸。

错误纠正：练习时易出现翻手腕等问题。因此，应手腕向内压。

伤害预防：练习前揉搓双手，活动筋骨和腕部关节，减少腕部关节摩擦。

（四）立掌式

动作方法：五指伸直，手掌用力上翘。

技术要点：五指并拢，手腕上翻。

错误纠正：练习时易出现拇指不内扣、外翘等问题。因此，应将拇指第一指关节弯曲，靠向掌骨处，手指用力。

伤害预防：练习前揉搓双手，活动筋骨和腕部关节，减少腕部关节摩擦。

（五）芭蕾手式

动作方法：五指微屈，后三指并拢、稍内收，拇指内扣。

技术要点：拇指下压，食指上翘，中指略翘，无名指和小拇指自然放松。

错误纠正：练习时易出现五指发力，使手指变得僵硬等问题。因此，应五指自然放松，不要发力。

伤害预防：练习前揉搓双手，活动筋骨和腕部关节，减少腕部关节摩擦。

（六）西班牙舞手式

动作方法：五指用力张开，掌心向上，小指、无名指、中指向手掌心依次内转。

技术要点：拇指、食指不要动，尽量伸直。

错误纠正：练习时易出现手指因发力变得僵硬，使拇指向手掌心内收等问题。因此，应用指尖发力带动手指内转，腕关节伸直。

伤害预防：练习前揉搓双手，活动筋骨和腕部关节，减少腕部关节摩擦。

三、头部动作

啦啦操头部动作，是啦啦操技术动作的重要组成部分，在音乐欢快的伴奏下可以做出不同的动作，使套路动作更加完美，富有新鲜感。头部动作包括点头、甩头、侧屈、转头和绕环等。

（一）点头

动作方法：两脚开立，约与肩宽，两手叉腰，身体直立。头颈前屈，然后还原，身体保持正直。

技术要点：头部向下屈，以下颌为着力点下拉，额头随下颌的方向下屈45°。

错误纠正：练习时易出现额头下抵、颈部前倾等问题。因此，应保持颈部不动，以下颌为着力点下拉。

伤害预防：为减少对颈部的伤害，应在练习前充分活动颈部关节。

（二）甩头

动作方法：以额头带动下颌向斜上方抬起45°。

技术要点：头部向下屈，以下颌为着力点下拉，额头带动下颌抬起。

错误纠正：练习时易出现以颈部关节为轴，产生转头等问题。因此，应以额头为着力点，向斜上方 45°甩出。

伤害预防：为减少对颈部的伤害，应在练习前充分活动颈部关节。

（三）侧屈

动作方法：两脚开立，约与肩宽，两手叉腰，身体直立，头颈向左侧屈，还原。方向相反，做右侧屈。

技术要点：垂直向左右肩膀靠近。

错误纠正：练习时易出现下颌略转等问题。因此，应保持面部始终向前方，额头、下颌保持一条直线。

伤害预防：为减少对颈部的伤害，应在练习前充分活动颈部关节。

（四）转头

动作方法：额头和下颌为一条垂直线，将整个头部朝左、右方向垂直转动 90°。

技术要点：只是头部转动，身体保持不动。

错误纠正：练习时易出现身体随头部转动或将下颌抬起等问题。因此，应保持身体不动，下颌略收。

伤害预防：为减少对颈部关节的伤害，应在练习前充分活动颈部关节。

（五）绕环

动作方法：首先向下低头，然后由额头带动头部从右向左或从左向右绕环 360°。

技术要点：动作要匀速、缓慢，均匀拉伸颈部肌肉。

错误纠正：练习时易出现以下颌为主，使绕环面积减小等问题。因此，应以额头为主，带动下颌绕动。

伤害预防：为减少对颈部的伤害，应在练习前充分活动颈部关节。

四、胸部动作

胸部动作，是啦啦操的基本动作之一，是以胸部为主要活动部位的运动，属于一种过渡性动作，包括开臂展胸、举臂合胸和侧移胸部等。

（一）开臂展胸

动作方法：两肩尽量向前或向后运动，两腿伸直，两手手心向下。两臂向侧水平打开，尽量向后运动，胸部向前挺出。双臂向前运动时，尽量含胸，双臂向前。

技术要点：手臂向后时挺胸，手臂向前时含胸。

错误纠正：身体重心前后移动。

伤害预防：练习前准备活动充分。含胸、展胸反复练习，练习时加大动作幅度，使胸椎部位都能得到锻炼。

（二）举臂合胸

动作方法：两脚并拢，自然站立，两腿略屈下蹲，两臂由下经体侧举至水平，向前合并（手臂向前）至手腕，含胸。

技术要点：身体重心在中间，含胸时双腿弯曲。

错误纠正：身体重心前后移动。

伤害预防：练习前准备活动应充分。含胸、展胸反复练习，使肌肉、关节、肌肉和关节连接部位活动自如。

（三）侧移胸部

动作方法：两脚开立，两臂侧平举，掌心向下，胸部尽量向侧移动，同方向的腿屈膝缓冲，还原。方向相反，重复进行。

技术要点：注意保持身体的优美姿势与下肢的固定动作。

错误纠正：身体左右移动。

伤害预防：练习前准备活动充分，活动腰部关节和肌肉群。动作标准，使胸椎部位都能够得到锻炼。

第三节　啦啦操教学

"啦啦操作为一种新型的体育项目，不仅具有传统体育项目健身、娱乐的功能，同时也具有艺术、表演等功能。"❶ 啦啦操的教学是在教师科学指导和学生主动参与下，学生系统地获取啦啦操知识、技术、技能，增进健康，提高身体素质、心理素质，培养审美意识的教育过程。它既包括教师的教，也包括学生的学，是多种多样的。而每一种教学方式对完成教学任务都有特殊的作用，采用哪种形式的教学以及如何运用，应根据教学任务、教学内容、学生特点及场地设备等具体情况而定。因此，正确掌握啦啦操的教学特点、原则与方法是教师完成教学任务、学生掌握动作技术及技能的前提和保证。以下以技巧啦啦操与舞蹈啦啦操教学为例，探讨啦啦操教学原理。

一、技巧啦啦操的教学

技巧啦啦操是在音乐的伴奏下，以跳跃、翻腾、托举、抛接、金字塔组合等技巧性难度动作为主要内容，并配合口号、基本手位，充分展示运动员高超的技能技巧的竞赛项目。其动作具有特殊性、多样性和危险性，因此对教师的教和学生的学都有很高要求。

（一）技巧啦啦操的教学原则

1. 一般性教学原则

（1）自觉积极性原则。技巧啦啦操同其他体育教学一样，主要是通过身体活动与思维活动的紧密结合，来掌握知识、技术和技能，并发展身体，增强体质。区别于其他项目的是，它是一个由团队集体完成动作的项目，对个体的技术、能力以及个体与团队的配合精神尤为重视。所以，它首先要求练习者要积极主动地解决自身的问题，在个体应该具备的技术、能力正确形成后，才能在团队中发挥他的角色作用；其次，许多难度动作的完成是一个群体行为，需要通过大家齐心协力地反复训练团队的默契，才能把各自的能力融为一体，这也需要每个人积极主动地配合团队进行团队默契的练习。

在技巧啦啦操教学中，由于学生有不同角色、性别、身体条件以及不同的个性心理，而且练习的环境较为复杂，教学的组织工作更加困难，学生自觉积极性

---

❶　卢迪. 高校体育引入啦啦操教学的必要性和对策 [J]. 灌篮，2022（2）：100.

不强是不行的。因而，教师需要通过各种组织形式和课堂设计来调动学生的自觉积极性，充分发挥学生的主动性，发展学生的独立思考能力，这样才能提高教学质量，取得较佳的教学效果。

（2）直观性原则。由于技巧啦啦操是一种造型艺术和表演艺术，它的很多动作都不是我们生活中所能接触的，在技巧啦啦操教学中，教师利用学生的眼、耳、身等感觉器官和已有的经验，通过自身示范或者图形、图片、视频播放等形式让学生对所学的内容获得生动形象、完整真实、清晰正确的表象，这对建立正确概念、强化动作要领、改正错误动作、迅速掌握动作技术有十分重要的意义。但仅仅直观看动作还远远不够，教师首先教授学生如何紧盯动作的重点、难点和关键点。由近至远，从上到下，由静到动，由点到面，先主后次，进行全面观察。还要引导学生利用自己的感知能力、观察能力等抽象思维能力，发现问题、提出问题，并解决问题，掌握动作的本质和规律。直观性原则可使所学的内容具体化、形象化，为学生感知、理解和记忆动作与知识创造条件，能引起学生的注意，激发学习的兴趣和热情，对提高教学质量有重要意义。

（3）从实际出发原则。从实际出发原则要求教师在教学实践中，根据学生身体素质和技术水平及场地器材等客观条件，恰当适时地安排教学。由于技巧啦啦操动作具有一定的危险性和超常规性，教师要在统一要求的基础上注意个别对待，因材施教。对接受能力强、进步快的学生，应提出更高的要求，充分发挥其长处和才能。对基础较差、掌握动作较慢的学生，要提出切合实际的要求，加强身体训练和基础训练、布置课外作业、加强个别辅导、积极鼓励，逐步赶上教学进度。由于技巧啦啦操的动作是需要团队协作完成的，教师在实际教学中常按照对象接受能力、技术水平高低进行搭配分组，如底座的能力较弱，则搭配能力较强的尖子和后点保护人员。对于教学任务的完成也是按照不同的标准验收，甚至可以根据学生的能力对教学任务进行适当的修改。

（4）循序渐进原则。技术动作的教学必须严格按照技术由易到难的步骤进行。安排教学进度时要考虑教材之间的联系。按动作本身技术由浅入深地进行系统教学，如学习翻腾动作时，应按前滚翻→倒立前滚翻→鱼跃前滚翻的顺序予以安排；在学习托举类动作时，教学内容安排顺序应该是髋位→肩位→高位。身体体能的教学和锻炼要从学生身心发育规律的实际情况出发，按照人体适应性规律安排运动负荷，由小到大，由少到多，由弱到强，逐步提高。

（5）巩固与提高原则。技巧啦啦操的教学，要使学生能牢固地掌握，并熟练地运用所学基础知识、技术和技能，同时为进一步学习新的知识和技能打下良好的基础。这对于学生发展技能，增强体质，提高认识，培养动作意识有积极作用。在巩固与提高时应使学生了解技巧啦啦操动作的正确概念、要领和完成方法，及时纠正错误动作，并给予具体的帮助，才能达到巩固正确知识和动作技术的目的。教师还要不断让学生反复练习，研究变换练习的方法，提高练习啦啦操的兴趣。最后通过自觉积极地反复练习，把所教的知识、技术真正学到手，达到熟练掌握和熟练运用的程度。

（6）因材施教原则。在技巧啦啦操的教学过程中，根据学生的年龄特征和个性差异，采用不同的方法、安排不同的运动负荷进行有的放矢的教学。它要求既要照顾群体的学习情况，又要因个别学生之"材"而施教。教学大纲中对技巧啦啦操教学内容和基本技术的要求是统一的，但由于学生的个体差异，相同练习的数量、次数、组数、时间，对个体产生的作用不相同。在教学中应统一要求与区别对待相结合，在做中等以下强度练习或初学动作时，要有统一要求；而在安排较大强度练习和复习提高动作技能时，则应区别对待，使绝大多数学生都能得到提高。

当然，在因材施教时要注意全面而深入地了解学生的思想品德、个性特点以及对技巧啦啦操的兴趣、啦啦操的基础、接受能力、身体健康状况等，掌握教学的主动权，对不同对象提出不同要求，既注重优等生的特长发展，又使相对落后的学生跟上学习进度，掌握所学知识、技术和技能。

（7）全面发展原则。全面发展原则是指在技巧啦啦操的教学过程中，运用多样化的内容、方法和手段，使学生身体的各部位、各器官系统的机能，各种身体素质和基本技能都得到协调发展。教师在教材选配上要尽可能地选择那些对身体有全面影响的内容，尤其要对上下肢、大小各肌群、各种身体素质和运动能力全面兼顾，使其和谐发展。考核项目要全面搭配，促进学生全面锻炼身体。教师在各单元教学的教学目标上既要全面又有侧重。

2. 专门性教学原则

（1）体能先导性原则。体能是指学生在技巧啦啦操的学习活动中表现出来的运动能力（如跳、抛接、支撑、平衡、滚翻等）和各器官系统表现出来的机能（常指速度、力量、灵敏、耐力、柔韧等身体素质）。二者的发展水平，直接影响学生对动作技术和技能的掌握、巩固和提高。因此，在技巧啦啦操的教学过程中必须不断发展学生的体能，坚持全面锻炼、循序渐进、持续负荷和适宜的运动负荷，才能提高体能水平，达到教学要求、提高运动技术水平的目的。在发展体能中要持之以恒。在制订教学计划时要长计划短安排，大中小相结合，通过"增加—适应—再增加—再适应"这个过程增大运动负荷、发展体能。良好的体能为接下来技术及难度动作的学习打下基础，有利于增强学生的自信心和学习兴趣，尤其对预防伤病的发生特别有效。

（2）技能整体性原则。技巧啦啦操的难度动作是一个结构复杂、内涵丰富、涉及因素繁多，而又相互作用、相互依赖的动作体系。它的许多动作，从难度分类来看似乎是彼此独立的，但从技术结构的角度来看，它们是一个相互联系的整体。例如，抛接时尖子空中的转体动作和地面的翻腾动作密不可分，在金字塔的造型中离不开托举动作，金字塔中的尖子和中间层的上架是由抛接完成的。在这些动作中蕴含共同的"要素""结构链"，这些"链"将许多动作联系在一起，形成相互联系、相互包含、辐射发展的动作网络体系。这一体系是立体的，每个动作在这个体系中无论是纵向上还是横向上，都与其他动作有着紧密的联系。所以，在技巧啦啦操的教学过程中，教师要全方位地考虑各个项目、各个动作之间内在的逻辑脉络，全面地安排整体教学计划，在有限的时间内获得最优的教学效果。

（3）安全性原则。安全性原则是指在教学活动中，要充分考虑教学的场所、内容、方法、手段的安全因素，防止伤害事故的发生。在技巧啦啦操难度动作的教学中，安全性是首要条件。如何才能保证安全呢？首先，授课教师和学生在学习中一定要清晰地明白所做动作的危险性和保护方法，教师要清楚如何避免、预防意外发生，学习和掌握运动损伤的预防与急救方法，更要告知学生如不遵守安全准则，可能导致的严重后果。当然，保护的效果取决于学生的能力、保护方法的运用是否正确，但总体上要求运动员之间要有高度的责任感和团队协作精神。

（4）审美性原则。技巧啦啦操通过丰富的多维空间运动层面和翻转轨迹、优美的运动姿态、和谐的运动节奏、团队的通力合作等，展示速度、惊险、激情的运动之美。在技巧啦啦操的教学过程中，教师要始终坚持对美的追求。在教学中，应讲究姿态美、协调美、节奏美、合作美以及音乐与动作融合之美，教师要求学生在举手投足之间都要有"趣味"，展示出技巧啦啦操的项目特征。为此，它要求教师在传授技术的同时，应辅以其他艺术形式的教法，使学生理解并掌握通过舞蹈训练、形体训练、音乐修养的陶冶，以及对其他艺术形式的观摩学习等教学形式，进而使学生产生兴奋和愉悦的心情。所以，在技巧啦啦操的教学中坚持审美性原则，可使学生经常体验到运动之美、形体之美，并逐渐将这种美感内化，提高感受美、欣赏美和评价美的能力。

（二）技巧啦啦操的教学方法

1. 直观法

直观法通常包括示范法和图像法。

（1）示范法。示范法是技巧啦啦操教学中最重要最基本的一种直观手段。它是通过教师或学生在教学的不同阶段展示正确、规范、适当的动作，学生直接感知动作的全貌，了解动作的形式、结构、要领和方法。因此，示范的质量和效果对学生影响很大。正确的示范不仅能促进学生加快掌握动作技术，还能激发学生练习的积极性。反之，既损坏了动作形象，又影响了学生的学习情绪。因此，作为技巧啦啦操的教师应高度重视每个动作的示范。

示范包括完整示范、分解示范、慢速示范、对比示范、领做示范。

第一，完整示范，是对所学的单个动作、联合动作或成套动作从头至尾地予以示范，使学生对动作的整体有所了解，形成完整生动的动作表象。它一般运用在教新动作时。

第二，分解示范，是指在教学的不同阶段，根据教学任务的需要，把完整动作或联合动作分为不同的部分予以示范。

第三，慢速示范，是指延缓动作的时间特征，放慢动作的速度和过程，使学生看清动作及其内在联系，以利于学生对动作的观察和理解。

第四，对比示范，也叫正误对比示范，是指对同一个动作进行正确动作与错误动作相对照的示范。它能让学生了解哪些动作是对的，哪些动作是错的。可以及时纠正学生错误动作技术，提高动作质量或完成所学的动作。

第五，领做示范，是指学生做与教师示范同步进行练习，多用于口号和基本动作的教学中。

（2）图像法。图像法是指在技巧啦啦操的教学中通过图解、录像、课件等方法，指导学生学习的教学方法。在技巧啦啦操的教学中，这种教学方法能促进学生在瞬间完成对动作的理解和记忆，大大提高教学效果。技巧啦啦操在空中完成只有一瞬间，其中涉及的许多细节和变化不能放慢和停止，如转体的时间和部位、空中的动作和姿势、瞬时的推顶时机（前手翻）等，所以，图像法教学在技巧啦啦操的教学中是必不可少的。

第一，图像法是对讲解、示范的补充。讲解虽能讲清楚动作技术的各个方面，但不直观，示范虽然直观，但是无法根据教学的需要显示出动作细节和动作关键的地方，而图像法弥补了示范和讲解的不足。在动作细节、关键地方采用放慢速度、中途停止镜头等方式让学生仔细观察动作，学生对动作加深理解，感知和明确动作的进程，减少学习动作时的困难，帮助学生加速掌握动作。

第二，图像法是示范的最好呈现。当教师因年龄、伤病或能力不够等各种原因难以示范动作时，采用图像法代替现场示范，会取得较好的效果。而且技巧啦啦操难度动作中的托举、金字塔等是由多人配合的动作，在教学中教师一人无法以多角色进行完整示范，这时利用准备好的多媒体教学手段使学生突破时空障碍，获得在生活实践中缺乏而又必须掌握的知识。

第三，图像法是分析、纠正动作的手段。在教学中利用多媒体设备把学生完成学习的过程录制下来，和学生一起直观地分析动作完成过程中的不足，包括慢速度地回放动作进程、中途停下来分析某个动作的完成情况，如分析后手翻甩臂时的肩、臂及身体姿势，利用视频回放分析此时的技术并纠正其中的错误，发现动作技术上的不足和差距。通过教师进一步指导，学生能及时地在实践中加以纠正。不过运用图像法必须把握好运用时机，与讲解、示范配合好，避免多余的过程。

2. 语言法

语言法是通过语言来达到传授知识，引导学生掌握动作技术、技能和进行练习的一种方法。语言作用于学生的听觉器官，能使学生进一步理解动作技术和要点，启发学生积极思维。正确地使用语言，对顺利完成技巧啦啦操的动作教学任务有重要意义。它能使学生明确学习任务，端正学习态度，启发学生的积极思维，从而加速掌握知识、技术与技能，培养分析问题和解决问题的能力。

在技巧啦啦操的教学中常用的语言法有讲解、提问、提示、口令、评价等。讲解是最主要的形式，它能使学生明确任务，了解动作名称、作用、要领、做法、要求及练习的方法；提问能及时了解学生掌握学习任务的情况；提示可以提醒学生有意识地注意技术关键环节，起到提醒的作用；口令能有效地指挥学生进行练习；评价能及时口头评定学生掌握的情况，或者让学生自己评价或互相评价，这能激发学生对学习动作的兴趣，促进其积极思维，提高教学效果。

（1）讲解。

第一，讲解要有明确的目的，要有教育意义。讲解什么，怎么讲解，都应该根据教学的任务、内容、要求以及教学过程中的具体情况而定，针对学生在思想上、技术上或身体上存在的主要问题，有的放矢地进行讲解。

第二，讲解的内容要正确，还要注意内容的科学性。应根据学生的情况以及他们已有的知识和经验，来确定讲解的内容深度、广度和讲解的方法。

第三，讲解要通俗易懂，抓住重点和关键，揭示动作结构的内部联系，不要面面俱到。讲解要清楚，层次要分明，表达要生动形象，有趣味，有感染力。为了达到精练，应正确地运用术语，有时也可运用口诀。

第四，讲解要富有启发性。教师要通过讲解启发学生积极思维，使学生看、听、想、练有机地结合起来。讲解中要善于利用学生已掌握的知识和技能，让学生学习新的知识和技能。

第五，讲解与示范要配合。根据动作特点和对象情况，正确采用先示范后讲解或边示范边讲解的方法，使学生更快地掌握动作技术。

（2）提问。提问是指教师与学生互动反馈的教学方法之一，教师在教学过程中常用提问、复习的方式，帮助学生巩固已学过的知识、理论或技术，启发学生的创造性思维，检查学生掌握知识的程度，培养、锻炼学生的口头表达能力。运用提问法时应注意以下三点：

第一，提问要具有明确的目的性和针对性。问题明确而具体，便于练习者理解。

第二，提问要恰当。把握好提问的时机、方式和形式，要根据课的进程和内容择机提问。提问的方式种类很多，如集中注意力提问法、启发式提问法、对比式提问法等。

第三，提问强调教学的重点和难点，做到有的放矢。

（3）提示。提示法是用简练的语言提醒学生注意某一问题，以强调对某一环节或细节的注意，从而起到改进动作、强化动作技术的作用。技巧啦啦操的难度动作完成都是在一种复杂的状态下，在很短的时间里，快速完成一连串动作。在这一过程中，完成者没有过多思考的余地。这时教师通过"用力""顶""推""伸""压"等提示，可以提醒学生有意识地注意技术关键环节。例如，在抛接转体练习时，用提示法提醒尖子注意空中转体动作的正确技术等。提示法要求用词简练，且正确使用专业术语。

提示法有两个运用时机：①学生在练习中完成动作需要提示的瞬间。不过这时的提示要注意提前发出信号使学生有思想准备，声音的大小以保证学生能听见提示为宜，如果突然地大喊反而起到干扰作用。②在练习前运用，以提醒加强某一方面的注意，如"注意转头""注意某一个动作要早用力"等，但不宜过分制造紧张情绪。

（4）口令。口令是指用简短术语下达行动的口头命令，即以命令的方式来表达教师的意愿。口令是有效地指挥学生活动的一种重要方法，它在队员进行团队组合时和在完成某些技术动作时运用。口令要求洪亮、清楚、有力、节奏感强，并根据动作的性质和完成要求来决定口令的轻重缓急、快慢强弱。口令直接关系做动作的效果，也影响学生做动作的情绪。如果动作幅度大而口令太快，则影响动作的准确到位；动作该用力做而口令小声无力，则影响做动作的精神。因此，教师的口令要准确、清楚、洪亮、有节奏。运用口令时应注意以下四点：

第一，根据动作幅度的大小来确定口令的快慢缓急。动作幅度大，运动路线长，则口令要稍慢一些，如上下肢绕环，上体前后屈的动作。如果动作幅度小，运动路线短，动作速度快，则口令要稍快，如小关节的运动。

第二，根据动作对肌肉用力的要求来确定口令的强弱。用力大的动作，节拍口令要强；较缓的动作，节拍口令要稍弱些。

第三，根据动作的特点确定口令的轻重。刚劲有力的动作，口令要短促有力；柔和优美的动作，口令要轻柔。

第四，在团队人员配合转换时口令要稍慢一点，声音要提高一些，让学生有一定的准备。尤其是在人数多、配合变化比较复杂的情况下，更要注意口令的节奏，快慢的程度要根据动作和学生的情况而定。

（5）评价。评价是教师评定学生完成动作的情况，使学生明确自己究竟做得如何。对学生的评价是否恰当，直接影响学生的积极性。评价的要求是要实事求是，是什么肯定什么，是多少肯定多少，尤其不能讽刺、讥笑，不能凭对谁的印象好坏来评定。运用评价时应注意以下三点：

第一，正确把握评价尺度。根据不同学习内容、阶段和练习者个体差异等特点，准确把握评价尺度，恰如其分地予以评价，避免挫伤练习者的自尊心和打击练习者的学习积极性。

第二，以肯定积极方面为主。通过评价，学生既知道自己的进步，又明确还有什么不足之处。不能笼统一个"好"或"不好"。评价学生完成动作时不能以绝对标准来衡量，要以学生各自的起点来评价，如托举，由不能协调配合到能协调配合是一大进步，就要肯定本次课完成任务很好。如果一定要求尖子空间完成质量，学生就会失去信心和积极性。评价时可采用不同的语言，如"在某方面比前几次好""有进步""某点较好""如果改进某一点，动作就更好了"等。

第三，灵活运用评定形式。常用的评定形式有单独评定法、对比评定法、集体评定法等。教师要针对具体问题采用适当的评定形式，利于学生积极性的持续和教学任务的完成。

3. 练习法

练习法一般包括完整与分解练习法、重复练习、变化练习法。

（1）完整与分解练习法。完整练习法一般在新教动作建立概念时运用，不过在纠正动作错误时，为说明动作各阶段的连贯性也可采用。完整练习法便于学生对所学动作建立整体的概念，不至于破坏动作的结构和割裂动作各部分或动作之间的内在联系。对于动作技术结构紧密但不太复杂的动力性动作都可采用完整练习法。在采用分解练习法时，应考虑技术结构的特点及分解的可能性，对所学动作技术结构进行深入、正确的分析，决定怎么分解动作的技术环节。集中精力掌握单个动作的某些复杂环节，或一串动作的某一部分，有利于迅速掌握完整动作，如抛接和托举的上法、空中动作、下法。针对不同的动作采取分组、分动作的方式进行练习，不过需要强调的是进行分解练习不宜时间太长，次数太多，避免分解的动作形成较强的动力定型，造成完整练习时动作技术不连贯。

（2）重复练习法。重复练习法是指不改变动作的结构，按照动作要领进行反复练习的方法，包括连续重复练习和间歇重复练习。在使用连续重复练习法时要注意发现问题，及时提醒，防止错误动作定型。间歇重复练习法有利于正确动作的细化。技巧啦啦操基本动作的教学，可重复单个动作，也可重复组合动作或成套动作，重复的次数既要保证学生在每一次练习中都能达到动作的要求，又适合学生的负荷能力。这种方法既有利于学生在反复练习中掌握和巩固动作技术，又有利于指导和帮助学生改进动作技术，并对锻炼身体、发展体能等有较好的作用。运用重复练习法的基本要求如下：

第一，有明确的目的。每次练习都要向学生提出具体而切合实际的要求，从而使重复练习达到良好效果。

第二，根据学生的特点、动作难易程度以及教学过程的不同阶段，科学地安排重复练习的数量和质量。例如，在实际教学中，当学生的水平低、学习动作较难，或者在教学的第一、第二阶段时，教师通常会选择两次练习的间隔短一些，重复的次数多一些。而当学习较易动作或教学进入第三阶段时，教师教学会在两次练习的间隔安排相对长些的休息时间。

（3）变化练习法。变化练习法是指通过改变动作内部结构或外部条件进行反复练习，最终达到提高教学效果的练习方法。它有变换动作节奏（主要体现在速度上）和变换动作空间（包括高度、宽度、长度、角度、性能等）两种形式。例如，在进行基本手位组合动作教学时，由教师发出信号，学生听到信号后以最快的速度在最短的时间内完成一个动作，在听到下一个信号后完成下一个动作。

以此类推，循环练习，教师随着学生掌握情况及时调整动作节奏。这种练习可使学生保持神经系统的兴奋，帮助学生形成快速准确的动作定位。在学习抛接动作时，可以安排尖子利用泡沫坑练习空中动作，或者利用蹦床的弹性来体会和巩固空中动作，通过增加视觉、触觉、本体感觉之间的联系，提高运动技能的准确性、稳定性。根据学生能力、教学内容和教学条件的具体情况，安排变换练习法。

在运用变换练习法时，应注意有的放矢、确保安全。安排变换练习法时所解决的问题和方法要具体明确，注意安全，预防伤害事故发生，如了解和调整蹦床的弹性等。

4. 游戏法

游戏法，是指在技巧啦啦操的教学中，教师根据该项目的动作完成需要多人协同配合的特点，在充分了解学生身体素质、技术掌握情况下，设计一些游戏活动来调动学生练习的积极性。它目的明确，强调游戏规则和安全性。在运用中重视趣味性、模仿性和创造性。教师都非常清楚技巧啦啦操的难度动作的完成要求队员间具有非常高的默契度，因此加强配合性练习是动作完成的基本保证。增加队员与队员间的默契度，最好的方法就是在教学中采用游戏法，充分利用游戏所具有的特点，调动学生的练习积极性。另外，游戏法还具有很强的娱乐性，使学生充满兴趣和激情。

游戏这种练习形式，对全面锻炼身体、增强身体素质和巩固提高运动技能，都有积极的促进作用。游戏练习法的运用多种多样，教师可以根据自己的教学设计放在不同的时段进行。例如，在课的开始部分，教师可以采用"劲风中稻草""蜈蚣虫"等游戏的形式；在课的结束部分，可选择缓和、放松性的游戏等，培养队员间的信任和合作精神，这时除教育学生遵守规则外，还可鼓励学生充分发挥自己的独立性、创造性。然而，游戏练习难以较准确地分配运动量，教师要通过游戏的内容规则、时间、器材、场地范围等来控制和调节运动量，同时加强组织工作，严格执行规则，防止争执和伤害事故的发生。

5. 比赛法

比赛法，是指通过比赛的形式组织学生练习的方法。无论是个人间还是集体间的比赛都是建立在个人完成练习的基础上来进行比较的，竞争性很强。运用比赛法可以激发学生的练习情绪，提高学生掌握和运用知识、技术的能力，对学生进行思想品德教育也有重要意义。在技巧啦啦操的动作教学中采用比赛法的形式是多种多样的。按技巧啦啦操的动作内容形式的多样性可以比快、比多、比高，也可以比完成动作的质量，像"托举成功大比拼""抛接好又高""侧手翻好又直"等比数量、比质量、比速度的竞赛性游戏，让学生在练习过程中开动脑筋。这样利于团队一致来巩固和提高技术，同时有助于身体素质的增强。

比赛法通常是在学生已经较熟练地掌握动作技能的情况下运用的，有时也在学生练习兴趣低落，只求掌握动作而不求提高时运用，还在为了提高成套连接动作的联合以及稳定时采用。

二、舞蹈啦啦操的教学

舞蹈啦啦操的独特之处，在于动作设计是把舞蹈、体育项目中的动作和谐地融为一体，经过再加工、再创造而形成具有一定观赏性的运动项目。因此，舞蹈啦啦操的动作技术由于风格的不同而技术要求各不一样，其每种风格和变化有一定的规格和要求，如果不按正确的规格和要求进行练习，就不能发挥该项目的艺术魅力。因此，在教学中，教师应根据舞蹈啦啦操动作的特点，严格规范动作的规格和提出准确要求，学生也应认真领会动作要领，规范地按动作规格练习。教师在教学中从学生的角度提出要求，使学生主动地学习正确的内容。

（一）舞蹈啦啦操的教学原则

一般性原则与技巧啦啦操相似，这里不再一一赘述。以下主要针对专门性原则进行讲解。

1. 灵活性原则

舞蹈啦啦操的教学是根据学校实际情况和不同阶段学生身心发展状况来确定的。教学形式、内容、规模、时间、地点等都可以灵活掌握，没有固定模式，形式生动活泼，灵活多样。

2. 自主性原则

舞蹈啦啦操形式多种多样、内容丰富多彩，教师根据自己的兴趣、爱好、特长以及实际需要，自愿地组织、选择和进行课堂教学活动。这样，不仅能发挥教师的积极性和主动性，而且能使教师的才能、个性得到充分发挥，也有利于学生积极参与和个性品质的培养。

3. 伸缩性原则

舞蹈啦啦操教学可以根据本地区或学校的实际情况，或根据学生的不同愿望，结合教学大纲和教学计划进行。并将学习内容由学校向校外延伸，内容可深可浅，可多可少，还可以不断变动，具有很强的伸缩性。

4. 教育性原则

在舞蹈啦啦操教学中，学生不仅可以获得知识，培养良好品德，提高审美能力，还可以在实践活动中学习合作、互相交流，发展自己，锻炼自己，完善自己，促进各方面能力的发展，对学生的身心发展有重要意义和作用。

（二）舞蹈啦啦操的教学方法

在舞蹈啦啦操教学中，教师仍然会运用一些常态的教学方法，如口语法、演示法、练习法等，这些常态教学法的运用和所有项目一样，遵守其运用的形式和要求。以下主要探讨的是舞蹈啦啦操比较有针对性的教学方法。

1. 变奏法

变奏，现代音乐名词，一段曲调多次重复演唱或演奏，每次重复时均加以变化，或在旋律上，或在节奏上，或在调式调性上，这便称为变奏。变奏法，是指通过改变音乐节奏或鼓点等有明显韵律感的外界信号，让练习者伴随着节奏变化做出协调一致的快速动作。这是针对舞蹈啦啦操的发力技术特点而采用的一种教学法，教师通过变化的节奏训练学生发力的"寸劲"和关节的"锁定"，从而达到花球的"快、短、脆、准"的力度感。

在进行组合动作的教学时可采用由慢到快的方式示范动作，这样有利于学生看清教师演示完整的动作过程或重点显示动作的某一部分。而学生练习时由教师发出信号，学生听到信号后以最快的速度在最短的时间内完成一个动作，在听到下一个信号后完成下一个动作，以此类推，循环练习，教师随着学生掌握情况及时由慢至快地调整动作节奏。这种练习可使运动员保持神经系统的兴奋性，帮助练习者形成快速准确的动作定位。

2. 辅助练习法

舞蹈啦啦操的动作是由 32 手位结合脚下步伐，配合躯干的律动组合而成的，由于其道具的特殊性，上肢动作完成的质量优劣是决定动作技术完成好坏的关键，但是学生在生活或者其他项目中对于花球"快、短、脆、准"的发力技术感受并不多，同时它与舞蹈和健美操等项目的技术是相反的。为了更快地体会到花球的发力技术，可采用辅助练习的方式练习，如直臂拉橡胶条、手持矿泉水瓶子或者手缚小沙袋等形式练习，让学生体会对肌肉的控制。

3. 音乐情绪法

音乐情绪法，是指由音乐情绪带动肢体，由肢体来提升情绪的一种教学法。教学中，教师根据音乐的情绪进行动作的设计和引导，让学生理解动作从而更快地掌握和表现动作。舞蹈啦啦操的音乐是动作的骨架，其动作只有在音乐的衬托下，才更具生命力与艺术性。在教学中，教师可充分利用音乐旋律的高低起伏、节奏的强弱变化，让学生充分地用身体语言去体现音乐的风格，抒发内心的情感，表现出舞蹈激情与自信，最终达到动作、情绪与音乐的和谐统一。

在教学中，首先，教师让学生听并理解所使用的音乐，如爵士乐常常表现欢乐喜悦的气氛，摇滚乐有自由奔放的感觉，轻音乐表现出轻松愉快、生动活泼；其次，进行节奏感的练习，可将同一组合动作用不同节奏的音乐来完成，又可用同一节奏的音乐为不同组合动作伴奏。

4. 肢体语言法

肢体语言法，是指人们利用非文字和口语的一种信息传送手段，分为肢体语言教学和声音语言教学。肢体语言包括人的各种动作、姿势、表情等。声音语言包括讲解、提示、表扬、批评等用声音来对学生传递技术的形式。在舞蹈啦啦操教学中，由于音乐的组织结构较为复杂，有时如果采用语言的启发会破坏音乐本身的节奏，教师需要像唱歌时的指挥者一样，用肢体的表达方式来诠释音乐情绪以及动作和音乐的融合，所以，肢体语言一直作为教学方法和手段被广泛地运用，同时肢体语言可与声音语言配合使用。教师在教学中通过丰富形象的肢体语言和轻重缓急的声音语言来激发学生对动作的理解。

第四节　啦啦操动作创编

一、啦啦操动作创编的审美沟通

艺术创作虽然将自身保存于艺术作品中，但自身却是整个艺术现象结构中已经消失的环节。人们看到充满活力、激情四射的啦啦操表演，面对的是创编的结果，而不是创编的过程。艺术创作过程一般被理解为是心理的过程，但这一心理过程又具有特殊性。它不是逻辑思维，而是形象思维，是非概念、非逻辑和非理性的。这也是人们一般说的审美心理，是一种以感觉为载体的想象与情感活动。但艺术创作既不是一个单纯的心理过程，也不是一个单纯的现实过程，而是一个心理与现实相统一，既内在化又外在化的过程。

啦啦操教练员在体验生活、构思作品时，通常有大量生活经历、感情经历积累于头脑中，这是创作的内在化表现。但这些感性材料最终要通过整理、筛选、修改等过程使其物态化为啦啦操套路，这就是其外在化的表现。在其外在化表现中，审美沟通的主体开始逐渐由教练员单个主体向教练员与队员、队员与队员的双主体转变。

（一）体验

体验是在实践中认识事物。每一个创作者都是生活在现实社会中的一员，创作的开端源于生活世界的经验。这表现为经验生活，体验生活，经历生活世界中的欲望、工具和智慧的游戏。想要创作出好的艺术作品，就要去感受生活。一个对于生活世界缺少经验的人是不可能产生真正的艺术经验的。啦啦操教练员要对生活有敏锐的感知力，善于体验，才能为创作出风格独特、主题新颖的啦啦操套路积累丰富的感性材料。现实生活给予啦啦操教练员的感性体验是多方面的，可能是单纯的情绪的激发，也可能是对某一事件的感触，或是二者的结合。但生活经验并不等同于艺术经验，也不是所有经验都有助于啦啦操创作，这就需要教练员能够筛选与啦啦操有关的生活经验，并将其转化为艺术经验。除了在日常生活中获得体验外，更多的是从艺术欣赏中获得审美体验。审美体验是特殊的瞬间性的人生经历，代表着人生意义的瞬间生成。无论是高雅艺术还是大众艺术，审美体验都构成了艺术创造的起点、动力和原料。

音乐创作需要感物，啦啦操的创作同样需要主客体之间发生交互，迸发出灵感火花，并在心理上升发成创作的欲望。啦啦操创作者对生活、对艺术的体验，不应是被动地接受，而应是主动地赋予。体验不仅为其准备了丰富的素材，还为啦啦操创作开启了欲望的大门。

（二）构思

在文学创作中，构思是指作者在观察体验的基础上，提炼文章的主题意蕴并选择最佳表现方式，以指导写作实践的创造性总体思维过程。构思的目的和成果最明显的是提炼主题意蕴及其表达方式，即要做到"胸中有竹"。确定主题、选择题材是艺术构思的第一步。啦啦操构思的主要内容是在一定主题的引导下，对啦啦操所表现的形象进行孕育与创造。

所有生活的、艺术的与内在情感的感性体验，都在啦啦操教练的头脑中留下印记，这些印记就成为啦啦操表现对象的材料库。教练萌生创作欲望后，有时会经历一个继续寻找和酝酿的时期，虽然创作意象已经有了，但这个意向该怎么表达，材料库中有哪些可用，又该怎么组织，还需要一个出路。灵感的出现启发了啦啦操教练的艺术想象。在啦啦操创编中，构思阶段是啦啦操教练充分发挥艺术想象力的阶段。想象最突出的特点就是创造性，它打破了惯常的思维方式，打破了事物通常的规定性，打破了时间与空间的局限。但艺术想象是有控制、有自身逻辑的。在很多情况下，这种自身逻辑表现为情感逻辑。因为啦啦操创作，始终伴随、依托着强烈的情感，情感在某种意义上代表、体现了啦啦操教练的创作意象。

构思阶段最重要的任务，是将教练员积累的素材进行分析，确定主题、情绪或情感定位、选择动作元素，并用一定的结构形式表现出来。文学创作中构思的外化形式是提纲，舞蹈编导在进行艺术构思时也要设立大纲。同样，在构思啦啦操套路时，也要将在头脑中形成的舞段、难度串儿等以音乐小节的顺序记录下来。至此，一个整体的、有代表性的意象脱胎而成，形成了教练员创作意象的有形表达。当然，这个艺术意象还是初步的，需要在物态化的过程中得到进一步修改。

（三）物态化

物态化，是艺术家将创作阶段获得的初步意象与形式符号或物质材料结合起来，最终形成艺术品的过程。啦啦操创编中的物态化，就是将教练头脑中存在的动作、形象等变成可见的、具体的，通过啦啦队员肢体表现出来的啦啦操成套动作。在物态化的过程中，教练与啦啦队员共同完成啦啦操的物态化。开始阶段，教练将自己的创作意图、动作元素、要求等啦啦操套路雏形提供给队员。但队员的自身能力有所不同，技术水平高的队员可以超出教练的初始想法完成动作，而技术水平低的队员可能无法完全实现教练的想法。

在啦啦操创编过程中的反馈，是由运动员发出并传给教练员的。啦啦操套路编排存在的各种情况与问题会通过队员的训练显露出来，并反馈给教练，为教练下一步的修改提供参考依据，教练根据队员的整体运动能力及呈现出的整体状态对啦啦操套路不断地修改与完善，以期达到队员与成套动作的整体融合。

这种融合表现在以下四个方面：

第一，啦啦队员运动技能的形成。啦啦操的编排过程也是啦啦队员不断训练的过程，在此期间，队员通过反复练习动作，提高动作的熟练程度，从泛化、分化到形成动作自动化。

第二，队员在熟悉动作的基础上，将情感融入动作中，赋予外形动作以生命力。演员就是内在自我对编导的适应与诠释，是内在自我与外在规定的相遇所产生的一系列动作的执行者。啦啦操队员作为表现啦啦操的主体，其融合的过程正是内在自我与外在规定动作的相遇。承担动作外化的主体是有思想的啦啦操队员，并且每个人都会在动作编排、完成及表现上有自己的见解。但见解可能只是站在个人的角度上看问题的，对整体来说不一定合理。这就需要教练从大局出发，从提高整体效果的角度考虑队员的意见与建议。

第三，队员思想与教练思想的融合，是个人与集体的融合。其中就包含教练与队员的审美沟通，也包含队员与队员之间的相互沟通。

第四，啦啦操物态化，不仅是将教练头脑中的动作、空间运用等表现出来，还有与啦啦操主题密切相关的队员的整体服饰、造型设计，如果需要道具，还包括道具的制作与使用等创作活动。

客体因素，首先，要与所表现的主题相融合。在一套完整的啦啦操作品中，无论是动作元素、队形层次的变化，还是音乐的选编、服饰造型的搭配，都要围绕一个主题，为突出主题思想服务；其次，各元素间相融合，服饰造型的设计不仅要突出主题，还要显示队员们身体形态的优点以及动作的特色。如果某一方面的设计与整体搭配在一起显得很突兀，这种设计也是不可取或需要改进的。

由此产生的是包含由动作元素、舞台空间运用、音乐、服饰造型和道具等客体因素统一于啦啦操队员身上的整套啦啦操作品。物态化的完成是啦啦操创编过程的完成，同时在某种意义上，它又是创编自身的超越。

二、啦啦操动作创编的具体内容

（一）舞蹈啦啦操的创编原则

所谓的"创编"，是把分散的事情按照自己想要表达的主题，以及一定的组织，或按照一定的顺序，形成一个新的作品。因此，创编的内涵是把事情、项目或内容按照一定的目的有序排列。舞蹈啦啦操的创编是一个复杂而艰巨的创作过程，是对各种复杂的舞蹈动作，难度，过渡与连接动作，道具和音乐，服装以及其他元素的完美结合，形成审美价值和反映的主题内容和成套的联合作用。

舞蹈啦啦操的创编，有三个基本依据原则，它们之间相辅相成，共同为舞蹈啦啦操的创编服务。在创编舞蹈啦啦操时，首先，要明确创编的作品用途、工作任务和使用目的，了解创作目的；其次，从参与者的素质条件选择先进、创新的题材，或者将原有题材进行创造性改编，构造新颖的主题与风格；最后，竞技性舞蹈啦啦操必须来格按照要求创编。

1. 以作品的用途为依据

舞蹈啦啦操的创编是一个复杂而艰巨的创造性过程，在创编之前，创编者需要了解创编作品的任务与用途，作品是用于表演还是参加竞赛，从而根据具体任务的要求进行创编，确定成套作品的主题内容与风格特征。如果是为了表演，主要任务是进行现场气氛的渲染，加入与观众互动等环节，增加创编作品的感染力即可。

竞技性舞蹈啦啦操的创编是以取得比赛高分和优秀名次为前提的，既然是比赛，那就存在竞赛规则，也要严格按照竞赛规则创编，遵照规则要求，彻底深入地理解竞赛规则，再创编比赛套路。在比赛中避免因为误读规则或者犯规动作等而被扣分，造成没必要的损失。

2. 与参与人员素质特征相吻合

参与人员的素质特征包括参与人员个人的动作完成能力，以及年龄、性别、身材、心理以及专业训练背景等方面。创编者在创编过程中要考虑参与人员的素质特征，"要学会扬长避短。要根据队员的年龄、身材及训练背景等进行分析，制定出合适的适宜的作品。这样才能让观看者感受到整个队伍的优秀水平"。

3. 以多元化的风格为发展方向

目前，舞蹈啦啦操运动在全球范围内迅速蔓延开来，全球已有上百个国家加入舞蹈啦啦操这项健康的运动中。在各种各样的文化背景的熏陶下，舞蹈啦啦操的题材渐渐地发生改变，这给创编者带来了更大的创作空间。自啦啦操这项运动走进中国之后，舞蹈啦啦操在中国就开始了不同风格的尝试，江南小调、京剧水袖、中国功夫等越来越多的中国元素经常出现在国际赛场和表演场上。通过中国传统音乐和民族舞美的完美配合，让更多的外国人了解中国元素和中国文化，这正是啦啦操这项风靡全球的运动的魅力所在。

（二）舞蹈啦啦操的创编步骤及内容

舞蹈啦啦操创编是一项大型而又复杂的工程，它需要找到一个指导要求，遵循创编的基本原则，将各项创编要素创造性地糅合起来，融合自己的创作思想，赋予一套舞蹈啦啦操作品以灵魂，让它成为一件既有独立的表现风格，又有审美价值的艺术作品。

以下参考了同类项群运动的创编理论研究，并结合对理论知识进行的实践检验，从而将舞蹈啦啦操创编过程根据任务和目的的不同，分为搜集资料、创编实践和创编收获三个阶段，这三个阶段也组成了常规啦啦操的创编基本程序。在这三个阶段，每个阶段都有不同的任务和目的，存在实践差异，它们需要积极调整并完善。所以，舞蹈啦啦操创编过程就是一个发现问题、解决问题、再发现问题、再解决问题的长远完善工程。

1. 搜集资料

基础资料的搜集不仅关系到整个创编工作的顺利进行，更加关系到创编出来的成套动作质量的好与坏。在这个阶段开始之前，创编者首先需要了解创编作品的用途和任务，是为了比赛还是为了参加表演活动。竞技性的舞蹈啦啦操需要参照比赛规程以及比赛规则，而表演性的舞蹈啦啦操更注重成套动作的观赏性以及演出效果。其次根据目的的不同，开始筛选队员，并了解队员的整体技术水平，最大限度地彰显队员技术水平优势，在风格上确定与队员特点相符合的基调。想好选用什么歌曲、什么难度动作、什么风格的舞蹈类型，之后就可以进行套路的创编。舞蹈啦啦操的搜集资料阶段基本包括素材搜集和构思搜集。

（1）素材搜集。在素材搜集工作中，动作、难度、音乐和道具的搜集是重点。

第一，动作与难度技巧的搜集。一套优秀的舞蹈啦啦操动作由成百个动作以及难度技巧构成，在搜集素材阶段，创编者可以根据以往的套路，拿出一些好看且适合成套的动作，让队员熟悉，也可以根据队员自身特点等因素，编排新动作，还可以放音乐让队员自己展现适合自身的舞蹈动作，并根据自己音乐的编排选取他们自发的动作。为了使成套动作具有新颖性，创编者需要选取一些具有代表性的风格基调动作，比如爵士啦啦操中的臀部动作，街舞啦啦操中的"UP-DOWN"振胸动作。在创编过程中，对可以选用的动作进行动力性的改良和转化，使之成为符合舞蹈啦啦操发力特点的代表性基调动作。

除了风格基调动作外，舞蹈啦啦操不可或缺的就是难度技术动作，难度技术动作对于队员的身体素质和技术水平的要求很高，对于没有经过专业训练、不具备高水平难度动作能力的队员来说，应尽量避免选择高难度的技术动作。如果为了表演的需要，创编者可以将低难度的技术动作通过自己的编排在视觉上呈现出更多的花样。而对于具有相关运动等高水平专业训练背景的队员，可以选择一些难度较大的技巧动作，例如180°大踢腿、鞭腿转、大胯跳等技术动作。

第二，音乐的搜集。其实音乐的搜集工作就是听各种各样不同风格的音乐，找到跟创编成套动作风格相符合的音乐素材。这也是检验创编者日常搜集积累素材的一个过程，一般来说，作为舞蹈啦啦操的创编者应该在日常生活中，对音乐素材进行大量积累与分类，当需要的时候可以直接选取。

舞蹈啦啦操的音乐大致分为三种：①使用现成的音乐，从网络上获取所需要的音乐，根据现成音乐进行创编，这一般是入门级的编创。②将几首不同的音乐根据自身创编的成套动作的需求进行截取，再利用音乐编辑软件等进行拼接，这种音乐的选用可以突出编创者的编排意识，但对编创者的音乐浏览量、电脑操控能力和音乐鉴赏能力有很高要求。③根据自身队伍成套动作主题和风格特征，进行独立创作，自己编曲自己制作，这对编创者音乐基本功的要求很高，但是这种音乐效果与成套动作高度吻合。目前我国舞蹈啦啦操队伍经常采用前两种音乐方法，但是也有极少的队伍配备了专业的音乐编辑教练，进行独立创作。

第三，道具的搜集。道具的搜集就是根据创编者的构思，为了突出演出比赛效果，采用安全科学的材料道具。正确道具的使用可以营造热烈的现场气氛。

（2）构思搜集。构思就是在头脑中对创编的作品进行预演，包括表演主题和风格的构思以及成套难度动作的构思。

第一，表演主题和风格的构思。这部分主要是创编者的个人首先定位的，舞蹈啦啦操的风格各式各样，可以表现夸张、疯狂、奔放、热情，同样可以表现含蓄、内敛、羞涩、神秘。而主题则是表现出这套舞蹈啦啦操的内在含义。

第二，成套难度动作的构思。在确定了成套动作的主题与风格之后，接着就是构思成套动作的编排，将在素材搜集阶段的风格基调动作和难度技巧动作巧妙地安排在成套动作的各个部分，从而达到更好的表现效果。一套完整的难度动作构思包括：如何开头，如何过渡，如何达到高潮，如何将观众的目光吸引到最后结束动作，让每个观众舍不得错过任何一个动作。这就是编创者在构思阶段需要着重考虑的。

一般来说，开头部分由造型来开始，缓缓地进入主题部分，在这部分强调的是动作的衔接，为高潮部分做铺垫，高潮部分则是动作编排最紧密，动作幅度最大，音乐效果最强烈，以及运动强度最高的，在这部分成套动作的主题和风格通过对动作的编排得到充分体现。尾声部分一般以造型结束，现在很多时候尾声部分都省略，使音乐在高潮部分戛然而止，创造一种让人意想不到的震惊效果。

2. 创编实践

搜集资料阶段之后，进入成套动作的编创实践阶段，这个阶段是检验整个成套动作最后质量的关键环节，是将前面所有素材的搜集和构思全部投入真正的排练中，然后将各部分分开编排再汇总，最后对成套动作相关部分进行整合。

（1）各要素的具体编排。

第一，动作的编排。动作的编排是整个舞蹈啦啦操成套动作的重中之重。舞蹈啦啦操之所以好看，就在于动作的变换和数量多，除了之前确定的成套动作的风格基调动作和特色动作以外，还需要大量的连接和过渡的基础动作，在此部分需要编排这些动作，以更好地衬托特色动作和风格基调动作，这都是创编实践阶段动作编排的要点。

第二，音乐的编排。动作的编排与音乐相结合，创编者在排练中发现音乐与动作不协调的位置，及时在音乐上进行调整，或者在尊重音乐的前提下，在动作上进行修改，确保成套动作与音乐相吻合。

第三，队形的编排。舞蹈啦啦操以高度的观赏性和艺术性吸引观众和裁判的眼球，队形的编排是不可或缺的要素之一。丰富的队形变化，总是给观看者视觉上强烈的刺激。队形的变化主要取决于队员的人数和素质以及成套动作的时间和动作的数量，一般在这个阶段，创编者都采用在图纸上将队形记录下来的方式，然后到排练场上再进行调整。队形也不是变得越多越好，变得巧、变得妙才是队形编排的最高要求。

第四，难度的编排。难度技术需要结合队员的基本情况进行选择。如果专业队员基础好，除了一些已有的难度技术动作外，也可以根据队员的实际情况编排创新式的难度动作。例如，两人或者多人的配合难度动作等，都可以成为成套动作中的闪光点。

第五，服装道具的编排。合适的服装道具可以为成套动作加分，服装的配色和设计，必须符合成套动作的风格和主题。比如欧美风格的，肯定选用爵士、拉丁、现代舞的服装，进行改装可以是短裙、短裤、背心、长靴等健康性感的装束；如果采用中国传统的风格，则可以选用中国风格服饰进行改良。配色方面，都以亮丽和醒目为主。道具的设计要考虑到安全性和实用性，而色彩上需要搭配服装的配色。

（2）成套动作的完善整合。

所谓整合，是指将成套动作应具备的各要素及分段动作通过合理的方式有机地结合在一起，从而形成主题一致，具有完整性、竞技性、艺术性、观赏性的成套动作。舞蹈啦啦操的成套整合，就是将成套动作的基本部分流畅衔接，再将所有动作串联起来，使其成为与音乐配合统一和谐的完整套路。

3. 创编收获

创编一套完整的舞蹈啦啦操套路动作之后，不管创编目的是什么，都是需要实践演出的，这个过程对于创编者来说，不仅是一个检验的阶段，也是收获的阶段。在实际演出或比赛中，可以通过观看比赛和表演实际情况看动作与音乐配合是否协调，动作路线和场地使用是否合理，动作的方向、角度、面向是否有利于表现动作的幅度与美感，空间与时间的节奏变化是否明显，部分与部分之间的连接是否流畅，成套动作的高潮形成与效果如何，及时地发现问题并解决问题。

一套优秀的舞蹈啦啦操套路是在学习、修改的基础上不断推敲，最后才成形的，可以说，创编的收获阶段也是一个不断修改和完善的阶段。

第五节　啦啦操运动对大学生的健康促进

啦啦操运动以欢快动感的节奏迅速走进大学生的视野，并深受大学生的喜爱。"啦啦操属于当前青年文化中的重要内容，体现了当前大学生渴望实现自身价值、渴望时尚和渴望激情的精神。"❶ 大学生青春洋溢，精力旺盛，对未来充满好奇，对新鲜事物的接受能力较强，特别是像啦啦操运动这样符合大学生气质的运动，既能锻炼大学生的身体又迎合了时代的需要，因此，啦啦操运动很适合在高校开展，能够对大学生的身心健康产生积极的影响。

一、啦啦操对大学生身体健康的促进

（一）对大学生体质健康的促进

啦啦操运动的动作丰富多样，不同类型的运动动作对身体有不同的效果。啦啦操运动中的跳跃动作、体操动作、舞蹈动作和技巧中的托举、叠罗汉、抛接动作分别具有锻炼练习者的弹跳力，动作的速度和灵敏度，身体的柔韧性、协调性和平衡能力等作用。啦啦操整套动作的展示需要通过不停地完成不同类型和难度的动作，并且整套动作的时间一般控制在 35min 左右，这都需要大学生具备一定的体力及耐力，因此啦啦操运动也能锻炼大学生的耐力。

---

❶ 胡玉梅. 高校啦啦操队员表现力影响因素与训练对策研究 [J]. 延边教育学院学报，2022，36（1）：113.

（二）对大学生心血管系统的促进

身体健康的核心是心脏的健康。长时间坚持啦啦操有氧运动，可以极大地改善中枢神经系统对心血管系统的调节机能，久而久之会出现安静心率低于正常值的现象（心搏徐缓）。啦啦操有氧运动可提高心脏的收缩力和血管的舒张力，使心搏有力，心输出量增加，使心脏能得到充分的休息。通过对比可以发现，长期坚持啦啦操有氧运动的大学生心脏负担较小，因为它每分钟要比正常人少跳 20~30 次，那么每天可少跳 2 万~3 万次。

大学生长期坚持啦啦操锻炼，可使他们的心肌纤维变粗，心肌增厚，心腔容量增大，心肌和血管的弹性增强，从而提高他们心脏的收缩力和血管的舒张功能。因此，啦啦操运动能强化大学生的心血管系统。

（三）对大学生呼吸系统的促进

呼吸系统由呼吸道（包括鼻、喉、气管和支气管）和肺组成。不同节奏、姿势变换、不同负荷的啦啦操运动，均能对呼吸系统机能产生良好的影响。这是因为运动过程中加大了呼吸肌的运动幅度，使呼吸差明显增加，呼吸肌工作耐力显著增强，表现为不易疲劳。正常成年男性的肺活量约为 3500mL，经常参加啦啦操运动的人的肺活量较无训练的人要高 1000mL 左右。因此，啦啦操运动能够提高大学生呼吸系统水平。

（四）对大学生消化系统的促进

啦啦操运动还可以预防某些肠胃疾病的发生。另外，由于啦啦操运动动作中髋部活动较多，练习者的腹肌和膈肌的运动幅度明显加大，对练习者的胃肠道产生"按摩作用"，因此腹腔的血液循环畅通，增强了胃肠的消化与吸收功能，刺激食欲，促进营养的吸收和利用。

（五）对大学生神经系统的促进

啦啦操运动要求人体在运动时主动肌、协同肌和对抗肌共同运动，在大脑皮质相应运动中枢指挥下，运动动作具有高度的精确性和协调性。啦啦操运动锻炼强度并不像竞技性健美操那样剧烈，它属于中强度的负荷运动。在运动过程中要完成不同类型的动作以及难度，就需要通过神经系统来调节锻炼者身体的各个系统和器官，刺激大脑皮质的运动区域，使其处于高度兴奋状态，而大脑皮质的其他区域则处于抑制状态，显著地改变大脑皮质的兴奋区域，从而使大脑得到充分的调节和休息，进一步加强和提高中枢神经系统的机能和健康水平。

二、啦啦操对大学生心理健康的促进

有氧啦啦操运动可以调节大学生的心理活动、陶冶情操，对大学生的心理健康有积极影响。主要表现在：①有助于非认知因素发展，能够增强练习者的自信心、集体责任感和荣誉感；培养他们吃苦耐劳的意志品质和独立有自制力的个性品质。②有氧啦啦操运动的欢快气氛能够感染大学生的情绪，减轻他们由于学业或就业带来的各种心理压力。

总之，大学生在毫无竞争和压力下参加啦啦操运动，会产生一种痛快淋漓的自由伸展和活动后的振奋。通过啦啦操运动的集体练习，练习者可以结交更多朋友，提高大学生的群体意识，使大学生在心理上得到满足，学习和生活更加充实。

(一) 提高大学生的自信心

啦啦操运动的技术动作，对大学生的体态、自信心有重要影响。在啦啦操运动的体育教学和训练中，动作和姿态应该规范和大方。当学生经过反复练习和纠正，做出一个或一组欢快刺激、节奏鲜明的啦啦操动作时，喜悦和自信发挥得淋漓尽致，经常保持这种精神状态，能够大大增强大学生的自信心。在 $3\sim4min$ 的啦啦操运动动作过程中，大学生克服困难和坚持不懈的勇气倍增，完成动作后，大学生体验到自己的能力不断地提高，自信心也随之提高。

(二) 培养良好的意志品质

啦啦操运动对培养大学生勇敢、顽强、不畏艰难的良好品质及抗挫折能力有很大的作用。

啦啦操训练中很多难度动作的完成能够提高大学生的全面身体素质。啦啦操运动中的难度动作有一定的危险性，初练的大学生对这项运动会有一定的恐惧和心理障碍，而啦啦操运动就是集挑战、创意和刺激于一体的运动项目，大学生要想出色地完成一套啦啦操动作，就必须克服心理障碍，拥有勇敢、不惧艰难的意志品质。

另外，啦啦操运动中的难度动作不是一两次就能做好的，需要不停地练习，经历无数次失败的打击才能取得成功；如果在比赛中，比赛队伍实力相当或没有达到预期效果，对啦啦操队员也是一种挫折。因此，啦啦操能增强学生的抗挫折能力，培养大学生不怕困难顽强拼搏的意志品质，提高大学生的心理健康水平。

（三）对大学生人际关系的促进

人际交往中最重要的因素是情感因素，啦啦操运动能有效地改变、调整和强化大学生的人际交往。啦啦操运动是需要啦啦操队员共同努力完成的，在啦啦操训练、比赛中，队员之间要密切配合，互相合作，从而很好地完成一次啦啦操表演；平时生活中啦啦操队员之间经常交流，相处融洽会大大提高每个啦啦操练习者的人际交往能力。

（四）对大学生心理状态的促进

大学生在大学阶段对自己的未来有美好的向往，精力十分旺盛，对外界环境的变化能够很好地适应。而且，在此期间，他们的心理状态和情绪具有不确定性，但可塑性又很强。大学生即将步入社会，激烈的学业、就业竞争会给他们带来巨大的心理压力，以致他们情绪波动大，心情抑郁紧张，过度消极自卑，性格变得孤僻，难与人交往，心理失去平衡。

啦啦操运动属于有氧运动，而且不受年龄、性别、场地等的限制，容易被大学生接受，对调整与改善大学生心理状态有积极的作用。

参考文献

[1] 陈接华. 大学体育教学之我见 [J]. 教育与职业，2006（8）：119-120.

[2] 陈亮. 体育锻炼促进大学生心理健康发展路径探究 [J]. 文体用品与科技，2022，16（16）：28-30.

[3] 陈晓枫. 我国气排球运动推广研究 [J]. 当代体育科技，2019，9（32）：244-245.

[4] 程庆山，周新华，李连伟. 中外足球运动科研比较研究 [J]. 体育文化导刊，2008（9）：92-93.

[5] 程韵枫. 我国大学生锻炼心理需求满足感的测量与特征研究 [J]. 广州体育学院学报，2022，42（2）：87-97.

[6] 邓飞. 论篮球运动风格流派 [J]. 体育文化导刊，2009（7）：50-51.

[7] 董明源，张大超，李敏. 发达国家高校促进大学生体育参与的行动方案建设及启示 [J]. 沈阳体育学院学报，2022，41（4）：36-42.

[8] 杜海波. 基于健美操在中职体育教育中的作用的探讨 [J]. 学周刊，2022，1（1）：20-21.

[9] 高淑青，王肖，张连成，等. 急性有氧运动对大学生情绪的选择性影响 [J]. 中国运动医学杂志，2022，41（6）：459-464.

[10] 顾静霞. 高校健美操和茶文化的有机融合实施创新教育 [J]. 福建茶叶，2020，42（5）：94-95.

[11] 郝德瑞. 学校体育环境与大学生体育发展的影响 [J]. 环境工程，2022，40（4）：54-55.

[12] 胡德刚，刘继华，张吾龙. 大学生课外跑步锻炼风险认知与风险行为状况

［J］. 中国学校卫生，2022，43（4）：522-525.

［13］胡玉梅. 高校啦啦操队员表现力影响因素与训练对策研究［J］. 延边教育
学院学报，2022，36（1）：113-115.

［14］黄正锋. 大学生运动参与对体质健康影响的多元回归分析［J］. 安徽师范
大学学报（自然科学版），2022，45（4）：395-401.

［15］姜林辉，郭锡尧，卢碧燕，等. 大学生电子健康素养与体质健康的相关性
［J］. 中国学校卫生，2022，43（7）：990-994.

［16］金赛英. 论篮球运动的文化内涵［J］. 北京体育大学学报，2004，27（3）：
309-311.

［17］金相奎，孟祥敏. 足球运动蕴涵的体育美学意义［J］. 体育文化导刊，
2004（11）：46-47.

［18］寇磊，杜长亮. 我国啦啦操文化发展研究［J］. 体育文化导刊，2020
（10）：72-77，91.

［19］李成倩. 浅谈足球运动的体能训练［J］. 当代体育科技，2020，10（34）：
51-53.

［20］李洪波，李芳，刘煜，等. 基于专项化视角的花球啦啦操训练内容构建与
分析［J］. 武汉体育学院学报，2022，56（4）：94-100.

［21］李金玲. 高校体育教育立德树人目标的实现——评《高校体育教育立德树
人协同发展研究》［J］. 科技管理研究，2022，42（17）：8-9.

［22］李文冰. 健康体适能训练对青少年成长的重要性［J］. 文体用品与科技，
2021，6（6）：45-46.

［23］刘晓. 论大学生体育能力及培养［J］. 南京体育学院学报（社会科学版），
2003，17（5）：45-47.

［24］刘玉林，王建国，张培峰. 篮球运动特性的研究［J］. 成都体育学院学报，
2004，30（1）：57-59.

［25］卢迪. 高校体育引入啦啦操教学的必要性和对策［J］. 灌篮，2022（2）：
100-102.

［26］鹿耀辉. 浅析篮球运动的功能［J］. 灌篮，2021（36）：1-2.

[27] 全粤华，莫少强. 篮球运动形态发展特征研究 [J]. 广州体育学院学报，2021，41（5）：77-81.

[28] 宋军生. 大学生体育权利的研究 [J]. 体育科学，2007，27（6）：70-76.

[29] 汤海燕，上官茹兰，赵晋娴，等. 大学生对健美操 VR 教学接受度的影响因素 [J]. 体育学刊，2022，29（5）：132-138.

[30] 万国华，廖慧平，杨小勇. 论大学生体育素养的培养 [J]. 教育学术月刊，2010（4）：43-45.

[31] 王慧莉，吕万刚. 中国竞技健美操核心竞争力研究 [J]. 武汉体育学院学报，2020，54（4）：93-100.

[32] 王蕊. 基于"锻炼心理学"的体育锻炼与大学生心理健康教育 [J]. 中国电化教育，2022（5）：3-4.

[33] 王瑞萍. 浅析体育锻炼对大学生的健康影响及促进方法 [J]. 山西青年，2021（17）：163-164.

[34] 王晓娜. 啦啦操和健美操训练对改善初中女生体质的效果比较 [J]. 人类学学报，2022，41（3）：463-469.

[35] 肖斌. 大学体育教学改革初探 [J]. 灌篮，2021（3）：92.

[36] 杨帆. 基于难度动作技术链发展的竞技健美操体能训练 [J]. 灌篮，2022（7）：52-54.

[37] 应一帆，董继. 基于行为学理论干预大学生体育锻炼行为的研究 [J]. 湖北科技学院学报，2013，33（2）：110-111.

[38] 游晓丽. 体育锻炼提升大学生心理健康水平研究 [J]. 普洱学院学报，2022，38（3）：49-51.

[39] 贠卫祺. 谈体育锻炼的原则 [J]. 中国校外教育（下旬刊），2014（2）：135-135.

[40] 张龙，刘萌，羿翠霞. 构建积极身体形象：肥胖认知与大学生身体活动的关系 [J]. 中国青年研究，2022（10）：29-36.

[41] 张晓莹，赵轩立. 竞技健美操难度组合 C289 接 A187 的运动学分析 [J]. 体育学刊，2018，25（5）：132-138.

［42］张再林. 现代足球运动的中国文化元素［J］. 学海，2021（1）：210-216.

［43］赵猛. 体适能理念与高校体育教学策略［J］. 中国成人教育，2015（5）：145-147.

［44］赵轩立，张晓莹，刘曦. 竞技健美操提臀类与分切类难度动作的运动学对比研究［J］. 山东体育学院学报，2020，36（1）：82-88.

［45］祝大鹏，陈明辉，叶娜. 体育专业大学生体育道德与一般道德的关系研究［J］. 体育学刊，2019，26（5）：123-128.